DISCLAIMER

The author and publisher are providing this book and its contents on an "as is" basis and make no representations or warranties of any kind with respect to this book or its contents. The author and publisher disclaim all such representations and warranties, including but not limited to warranties of merchantability. In addition, the author and publisher do not represent or warrant that the information accessible via this book is accurate, complete, or current.

Except as specifically stated in this book, neither the author nor publisher, nor any authors, contributors, or other representatives will be liable for damages arising out of or in connection with the use of this book. This is a comprehensive limitation of liability that applies to all damages of any kind, including (without limitation) compensatory; direct, indirect, or consequential damages; loss of data, income, or profit; loss of or damage to property; and claims of third parties.

BESTACTIVITYBOOKS.COM

FIRST EDITION - Published 2022

Extra Graphic Material From: www.freepik.com
Thanks to: Alekksall, Starline, Pch.vector, Rawpixel.com, Vectorpocket, Dgim-studio, Upklyak, Macrovector, Stockgiu, Pikisuperstar & Freepik.com Designers

GET
YOUR
BONUS
FREE
CODE: WSBONUS20

5 TIPS TO START!

1) HOW TO SOLVE

The Puzzles are in a Classic Format:

- Words are hidden without breaks (no spaces, dashes, ...)
- Orientation: Forward & Backward, Up & Down or in Diagonal (can be in both directions)
- Words can overlap or cross each other

2) ACTIVE LEARNING

To encourage learning actively, a space is provided next to each word to write down the translation. The **DICTIONARY** allows you to verify and expand your knowledge. You can look up and write down each translation, find the words in the Puzzle then add them to your vocabulary!

3) TAG YOUR WORDS

Have you tried using a tag system? For example, you could mark the words which have been difficult to find with a cross, the ones you loved with a star, new words with a triangle, rare words with a diamond and so on...

4) ORGANIZE YOUR LEARNING

We also offer a convenient **NOTEBOOK** at the end of this edition. Whether on vacation, travelling or at home, you can easily organize your new knowledge without needing a second notebook!

5) FINISHED?

Go to the bonus section: **MONSTER CHALLENGE** to find a free game offered at the end of this edition!

Want more fun and learning activities? It's Fast and Simple!
An entire Game Book Collection just one click away!

Find your next challenge at:

BestActivityBooks.com/MyNextWordSearch

Ready, Set... Go!

Did you know there are around 7,000 different languages in the world? Words are precious.

We love languages and have been working hard to make the highest quality books for you. Our ingredients?

A selection of indispensable learning themes, three big slices of fun, then we add a spoonful of difficult words and a pinch of rare ones. We serve them up with care and a maximum of delight so you can solve the best word games and have fun learning!

Your feedback is essential. You can be an active participant in the success of this book by leaving us a review. Tell us what you liked most in this edition!

Here is a short link which will take you to your order page.

BestBooksActivity.com/Review50

Thanks for your help and enjoy the Game!

Linguas Classics Team

1 - Antiques

S	O	S	P	F	K	Y	A	S	T	Đ	Q	E	U	G
Þ	T	W	H	D	J	V	T	H	X	M	K	F	P	A
E	S	Í	Y	O	N	Á	R	L	J	G	W	S	P	M
F	G	C	L	H	M	Í	R	E	L	L	A	G	B	A
Đ	C	F	C	Z	U	X	U	F	U	G	T	R	O	L
Á	R	A	T	U	G	I	G	Z	E	N	K	A	Đ	L
Ó	V	E	N	J	U	L	E	G	T	S	E	G	V	D
N	D	O	V	I	L	V	L	A	S	I	T	N	K	N
H	Ú	S	G	Ö	G	N	I	K	I	E	T	I	L	Y
B	K	H	P	V	M	M	S	Đ	L	R	Đ	T	N	M
X	Ö	Y	U	O	I	Đ	Æ	G	L	R	N	Y	S	G
N	L	M	Y	N	T	V	L	L	C	U	V	E	X	G
K	D	V	I	R	Đ	I	G	W	I	D	D	R	S	Ö
H	D	E	H	Þ	J	C	R	L	S	N	Đ	K	U	H
S	J	A	P	T	G	X	Z	L	E	E	L	S	K	K

LIST
UPPBOÐ
EKTA
ÖLD
MYNT
ÁRATUGI
SKREYTINGAR
GLÆSILEGUR
HÚSGÖGN
GALLERÍ
FJÁRFESTING
GAMALL
VERÐ
GÆÐI
ENDURREISN
HÖGGMYND
STÍL
ÓVENJULEGT
VIRÐI

2 - Food #1

L	A	U	K	U	R	K	N	A	T	L	U	M	H	Q
V	P	E	H	B	X	O	Z	W	Ú	W	V	G	B	Þ
P	Æ	S	Z	L	V	O	K	A	N	P	T	O	E	U
A	N	A	B	I	U	Ð	B	D	F	S	P	M	Q	Q
L	G	F	H	N	E	T	U	Z	I	S	R	L	I	A
G	K	A	T	A	H	V	H	N	S	B	A	A	P	L
A	P	R	Í	K	Ó	S	A	I	K	Þ	A	L	Þ	J
V	O	E	S	S	Ú	P	A	R	U	K	Y	S	A	S
I	N	B	Þ	Í	T	L	G	X	R	M	O	O	I	T
D	D	R	O	I	T	O	S	P	Í	N	A	T	F	L
C	J	A	T	D	C	R	B	J	R	D	Þ	P	M	W
F	F	Ð	T	P	S	B	Ó	S	A	L	T	E	J	L
V	M	R	B	Y	G	G	E	N	K	V	G	R	Ó	E
V	T	A	G	U	L	R	Ó	T	U	U	P	A	L	C
C	D	J	H	V	Í	T	L	A	U	K	U	R	K	Ð

APRÍKÓSA
BYGG
BASIL
GULRÓT
KANIL
HVÍTLAUKUR
SAFA
SÍTRÓNU
MJÓLK
LAUKUR
HNETU
PERA
SALAT
SALT
SÚPA
SPÍNAT
JARÐARBER
SYKUR
TÚNFISKUR
NÆPA

3 - Measurements

G	A	S	D	Z	V	T	Q	E	V	N	F	E	A	S
R	S	M	Q	U	T	O	D	W	T	H	W	S	Þ	Þ
A	A	E	K	S	O	M	B	B	X	M	E	D	D	D
M	J	S	Þ	R	N	M	B	Æ	T	I	D	N	I	B
M	Ú	S	L	Y	N	U	R	Ó	L	Í	T	R	I	K
G	N	I	V	K	N	T	Ð	L	I	Z	N	I	V	Í
N	S	O	W	H	D	G	M	Í	N	Ú	T	A	Z	L
O	A	B	Þ	P	Q	D	D	K	G	Ð	A	Ð	V	Ó
A	U	K	A	S	T	A	F	G	X	V	I	D	P	M
M	L	Q	R	T	E	M	I	T	N	E	S	Ý	X	E
Ð	Æ	H	G	R	Á	Ð	A	F	M	E	X	P	Ð	T
D	P	L	A	W	H	B	Y	V	D	Q	L	T	V	R
D	D	D	I	E	R	B	U	D	E	X	T	R	D	A
C	C	Z	V	R	K	K	Z	E	U	C	R	B	I	N
G	A	I	M	W	V	O	F	Ð	X	R	X	Y	D	J

BÆTI
SENTIMETR
AUKASTAF
GRÁÐA
DÝPT
GRAMM
HÆÐ
TOMMU
KÍLÓ
KÍLÓMETRA

LENGD
LÍTRI
MESSI
MÆLIR
MÍNÚTA
ÚNSA
TONN
BINDI
ÞYNGD
BREIDD

4 - Farm #2

D	N	I	K	F	Þ	H	O	D	B	K	Q	P	C	D
N	R	U	T	A	M	V	A	N	J	X	C	P	G	W
Ö	O	Á	W	J	U	E	V	D	C	U	E	X	L	H
T	K	H	T	Y	I	I	D	N	Ó	B	P	Y	G	S
R	B	E	I	T	D	T	L	A	M	A	D	Ý	R	E
Y	M	L	Ð	R	A	I	G	N	E	R	D	O	W	K
H	A	V	R	U	Ð	R	A	G	N	I	D	L	A	L
Á	L	H	G	P	U	I	V	P	F	Ð	W	O	H	Ð
V	M	Ö	Ð	F	C	J	R	É	D	U	Ð	D	Ý	R
Ö	H	U	Ð	T	Á	L	Y	K	L	Ó	J	M	F	R
X	B	M	D	U	V	X	H	Þ	S	Q	B	V	E	R
T	C	Q	T	N	E	G	V	R	T	Ð	Y	T	T	E
U	A	X	U	Q	I	T	B	Y	G	G	I	K	Z	U
R	C	Q	L	Z	T	V	I	N	D	M	Y	L	L	A
V	L	Q	M	Q	U	C	G	R	Æ	N	M	E	T	I

DÝR
BYGG
HLÖÐU
KORN
ÖND
BÓNDI
MATUR
ÁVÖXTUR
ÁVEITU
LAMB
LAMADÝR
ENGI
MJÓLK
ALDINGARÐUR
KIND
HIRÐIR
DRÁTTARVÉL
GRÆNMETI
HVEITI
VINDMYLLA

5 - Books

E	B	S	Z	G	K	A	G	E	L	U	M	R	Ö	H
P	S	B	A	A	K	Đ	A	T	B	F	I	Y	H	F
I	Ö	Ó	Æ	G	F	Í	M	M	V	J	G	M	P	A
C	G	K	V	A	A	S	A	Q	A	Í	N	E	Đ	P
A	U	M	I	S	V	Y	N	L	G	S	E	G	Ó	K
D	M	E	N	D	J	V	S	S	E	V	H	Đ	J	Y
S	A	N	T	L	Z	Y	A	Ö	L	S	M	Ö	L	Y
Đ	Đ	N	Ý	Á	F	J	M	G	M	S	A	R	O	I
B	U	T	R	K	R	V	U	U	U	K	S	N	W	H
H	R	A	I	S	Q	R	R	L	R	R	V	F	D	Z
H	Ö	F	U	N	D	U	R	E	F	I	B	A	N	I
Q	Z	F	L	B	M	R	Y	G	V	F	A	S	D	Y
M	R	T	M	U	B	H	U	T	P	A	L	Y	U	Đ
V	I	Đ	E	I	G	A	N	D	I	Đ	I	T	I	U
I	D	J	J	X	F	L	E	I	X	C	Y	U	O	S

ÆVINTÝRI
HÖFUNDUR
SAFN
SAMHENGI
TVÍEÐLI
EPIC
SÖGULEGT
GAMANSAMUR
FRUMLEG
BÓKMENNTA
SÖGUMAÐUR
SKÁLDSAGA
SÍÐA
LJÓÐ
LESANDI
VIÐEIGANDI
RÖÐ
SAGA
HÖRMULEGA
SKRIFAÐ

6 - Meditation

F	S	J	Ó	N	A	R	H	O	R	N	I	W	H	S
G	R	A	G	N	I	N	N	I	F	L	I	T	U	R
B	Y	I	K	I	E	L	R	Ý	K	S	V	Ð	G	N
B	Z	X	Ð	D	N	L	V	Ö	N	D	U	N	S	P
Q	V	H	L	U	Þ	S	E	I	D	N	A	K	A	V
I	K	U	Y	H	R	Q	N	A	J	L	Y	E	N	B
T	Ó	N	L	I	S	T	J	Ð	S	O	B	D	I	Z
Æ	N	S	Ð	V	C	K	A	L	A	G	A	U	R	R
L	G	A	G	U	H	G	M	Æ	G	N	N	Q	Ð	D
K	Ö	M	R	S	F	I	F	R	Ó	O	D	F	R	J
K	Þ	T	T	Ú	A	S	E	A	Ð	Q	L	L	E	F
A	B	Ö	F	X	T	M	Z	L	V	I	E	V	T	J
Þ	F	K	I	Q	K	T	Ú	C	I	U	G	Q	Þ	Þ
A	Z	Ð	N	W	L	K	Á	Ð	L	M	T	G	Ð	L
S	A	M	Þ	Y	K	K	I	N	D	Q	R	M	B	U

SAMÞYKKI
VAKANDI
ÖNDUN
LOGN
SKÝRLEIKI
SAMÚÐ
TILFINNINGAR
ÞAKKLÆTI
VENJA
GÓÐVILD

ANDLEGT
HUGA
SAMTÖK
TÓNLIST
NÁTTÚRAN
FRIÐUR
SJÓNARHORNI
ÞÖGN
HUGSANIR
AÐ LÆRA

7 - Days and Months

F	I	M	M	T	U	D	A	G	U	R	Y	Þ	Z	S
A	P	R	Í	L	Y	A	A	J	Á	K	U	R	C	U
I	Q	C	C	P	Þ	L	Ð	C	Ú	R	I	I	O	N
Þ	M	A	A	U	H	R	U	R	L	L	Z	Ð	C	N
F	Ö	S	T	U	D	A	G	U	R	N	Í	J	B	U
S	R	A	M	V	Á	Ú	F	Ð	U	Ó	U	U	O	D
M	E	Þ	E	I	G	R	M	U	G	V	K	D	V	A
J	B	P	H	K	Ú	B	A	N	A	E	M	A	U	G
Z	Ó	A	T	A	S	E	T	Á	D	M	C	G	D	U
D	T	Q	Q	E	T	F	Z	M	U	B	D	U	A	R
F	K	T	Ð	F	M	Z	Q	F	N	E	U	R	G	A
F	O	V	Ð	Ð	J	B	I	A	Á	R	Z	N	A	Ú
Q	B	V	G	E	R	W	E	F	M	F	R	D	T	N
U	G	Z	C	F	T	K	N	R	D	P	H	T	A	A
L	A	U	G	A	R	D	A	G	U	R	M	U	L	J

APRÍL
ÁGÚST
DAGATAL
FEBRÚAR
FÖSTUDAGUR
JANÚAR
JÚLÍ
MARS
MÁNUDAGUR
MÁNUÐUR
NÓVEMBER
OKTÓBER
LAUGARDAGUR
SEPTEMBER
SUNNUDAGUR
FIMMTUDAGUR
ÞRIÐJUDAGUR
VIKA
ÁR

8 - Energy

M	Y	Y	P	L	R	A	F	H	L	A	Đ	A	R	I
E	N	D	U	R	N	Ý	J	A	N	L	E	G	A	K
U	M	H	V	E	R	F	I	K	L	L	K	Đ	F	J
E	L	D	S	N	E	Y	T	I	O	Q	W	R	E	A
O	D	B	V	V	T	M	I	E	Z	P	L	R	I	R
H	N	K	O	B	X	M	E	N	G	U	N	U	N	N
Z	I	I	Đ	N	A	Đ	U	R	A	W	T	D	D	O
U	E	T	R	Z	J	Y	K	O	L	E	F	N	I	R
C	S	V	A	A	G	Q	G	T	É	X	Y	I	B	K
Ó	Ó	K	B	E	F	Z	F	Ó	V	R	W	V	B	U
R	J	Þ	L	A	J	M	U	M	V	E	T	N	I	V
E	L	V	Q	E	E	B	A	N	Í	B	R	Ú	T	F
I	K	B	E	N	S	Í	N	G	Z	C	P	E	R	Y
Đ	T	K	V	F	D	Í	L	L	N	M	Q	M	M	S
A	O	T	Q	E	T	D	D	A	B	S	Y	Y	C	R

RAFHLAÐA
KOLEFNI
DÍSEL
RAFMAGNS
RAFEIND
VÉL
ÓREIÐA
UMHVERFI
ELDSNEYTI
BENSÍN
HITA
VETNI
IÐNAÐUR
MÓTOR
KJARNORKU
LJÓSEIND
MENGUN
ENDURNÝJANLEG
TÚRBÍNA
VINDUR

9 - Chess

R	S	Đ	A	Đ	Đ	Z	N	B	I	Þ	R	V	U	V
Z	N	S	R	Đ	S	L	K	L	Z	G	U	Y	V	S
K	J	B	Æ	S	G	K	O	N	U	N	G	U	R	X
C	A	R	L	T	R	E	T	S	W	Đ	U	R	M	A
J	L	U	Đ	I	Þ	I	R	A	T	S	I	E	M	D
S	L	K	A	G	K	M	A	Đ	B	Þ	L	D	D	R
U	T	I	R	U	T	Í	V	H	A	E	D	P	Y	O
Y	A	E	D	C	R	T	S	D	F	L	Đ	B	C	T
M	H	L	F	W	T	F	Y	R	M	H	A	R	C	T
R	Ó	I	D	N	A	L	Æ	M	T	Ó	M	U	T	N
A	M	T	M	T	U	O	R	K	N	G	C	L	S	I
B	L	E	I	K	M	A	Đ	U	R	A	N	G	Đ	N
Á	S	K	O	R	A	N	I	R	Ó	L	T	E	S	G
K	M	G	U	P	V	D	C	Þ	F	X	G	R	C	C
S	M	J	W	G	Y	K	E	P	P	N	I	H	Đ	Q

SVART
ÁSKORANIR
MEISTARI
SNJALL
KEPPNI
SKÁ
LEIKUR
KONUNGUR
MÓTMÆLANDI
AÐGERÐALAUS
LEIKMAÐUR
STIG
DROTTNING
REGLUR
FÓRN
STEFNU
TÍMI
AÐ LÆRA
MÓT
HVÍTUR

10 - Archeology

G	U	Q	B	E	J	M	S	U	I	K	A	C	S	S
R	U	Đ	Ö	T	S	R	U	Đ	I	N	F	P	É	I
E	G	F	U	A	F	C	B	F	S	I	K	I	R	Đ
I	Þ	R	O	M	Z	R	G	R	C	E	O	R	F	M
N	H	K	Ö	R	G	H	J	G	O	B	M	G	R	E
I	L	O	E	F	N	R	O	F	T	T	A	L	Æ	N
N	U	O	Z	V	R	Ö	U	L	U	K	N	E	Đ	N
G	T	Z	C	Þ	Þ	J	L	Q	P	K	D	Y	I	I
M	I	N	N	I	M	B	Þ	D	U	E	I	M	N	N
R	A	N	N	S	Ó	K	N	I	R	Þ	T	T	G	G
T	E	M	P	L	E	E	K	K	Z	Ó	I	V	U	P
T	P	U	Z	Đ	R	J	A	T	Á	G	Đ	Á	R	B
F	Q	M	F	F	B	V	Z	H	Þ	K	I	M	O	F
N	H	Í	N	U	S	Q	U	V	R	P	L	Z	W	R
W	A	T	W	V	U	F	L	D	J	O	Þ	K	W	Y

GREINING
FORN
FORNÖLD
BEIN
SIÐMENNING
AFKOMANDI
TÍMUM
MAT
SÉRFRÆÐINGUR
NIÐURSTÖÐUR

GLEYMT
BROT
RÁÐGÁTA
HLUTI
MINNI
RANNSÓKNIR
LIÐ
TEMPLE
GRÖF
ÓÞEKKT

11 - Food #2

F	G	P	S	U	O	N	D	A	F	J	Ð	Q	V	E
X	I	L	P	E	Q	I	S	V	E	P	P	I	R	S
T	Y	S	N	T	L	D	G	L	Z	S	K	Ð	U	X
T	Ð	B	K	K	Þ	L	U	R	M	P	I	G	T	E
B	Ó	I	R	U	E	A	E	T	P	E	R	R	S	K
R	B	M	S	D	R	G	G	R	N	R	S	G	O	S
E	B	P	A	K	C	G	L	Ú	Í	G	U	P	Y	D
B	G	F	T	T	W	E	U	G	V	I	B	N	G	S
B	A	N	A	N	I	D	Z	Ó	Í	L	E	I	X	K
V	Í	N	B	E	R	M	X	J	K	K	R	Q	R	I
S	Ú	K	K	U	L	A	Ð	I	I	Á	E	G	G	N
H	R	Í	S	G	R	J	Ó	N	D	L	Þ	S	O	K
Ð	R	J	K	J	Ú	K	L	I	N	G	U	R	U	A
H	V	E	I	T	I	A	R	T	I	H	O	K	E	H
X	M	J	F	X	I	S	U	Y	K	H	W	N	N	E

EPLI
ARTIHOKE
BANANI
SPERGILKÁL
SELLERÍ
OSTUR
KIRSUBER
KJÚKLINGUR
SÚKKULAÐI
EGG
EGGALDIN
FISKUR
VÍNBER
SKINKA
KÍVÍ
SVEPPIR
HRÍSGRJÓN
TÓMAT
HVEITI
JÓGÚRT

12 - Chemistry

K	Q	Z	P	Z	Þ	R	Þ	I	O	I	Y	M	I	Q
M	O	G	R	A	F	E	I	N	D	R	S	R	J	H
E	S	L	R	O	T	X	F	V	V	R	J	L	M	D
N	S	Y	E	L	L	I	D	N	A	T	Ó	J	L	F
S	A	M	P	F	O	N	Y	D	K	I	N	T	E	V
Í	L	Þ	F	V	N	K	U	N	K	L	Ó	R	H	J
M	T	H	I	T	A	I	U	I	N	F	E	R	Ú	S
P	N	E	U	N	I	F	R	E	K	U	T	O	L	W
L	Æ	W	H	Q	Q	O	Q	M	H	P	V	P	L	J
Q	R	D	H	C	H	I	T	A	S	T	I	G	N	M
F	F	Q	F	Ð	B	T	H	S	B	I	T	Ð	O	H
H	Í	T	H	Q	F	A	K	Y	Ý	Þ	Y	N	G	D
D	L	Q	Q	Þ	C	V	G	R	V	R	N	O	T	T
V	M	D	A	F	I	H	C	A	F	Ú	A	F	S	K
K	J	A	R	N	O	R	K	U	S	S	Þ	P	N	Q

SÝRA
SÚR
LOTUKERFINU
KOLEFNI
HVATI
KLÓR
RAFEIND
ENSÍM
GAS
HITA
VETNI
JÓN
FLJÓTANDI
SAMEIND
KJARNORKU
LÍFRÆNT
SÚREFNI
SALT
HITASTIG
ÞYNGD

13 - Family

D	W	Ð	V	E	B	D	A	K	N	Æ	R	F	N	L
Q	G	M	F	M	Ð	Y	M	G	T	K	A	L	J	B
P	P	T	I	G	Z	Z	M	D	Þ	D	R	N	J	W
D	W	M	M	J	S	L	A	Z	Q	V	Y	H	M	G
H	M	N	R	A	B	Y	P	T	T	F	A	Ð	I	R
G	A	N	U	U	E	I	G	I	N	K	O	N	A	I
Þ	C	T	Ð	L	Ð	D	X	W	B	G	J	I	U	T
A	F	I	A	K	Ð	Ó	B	Q	Ð	R	B	J	Þ	T
B	T	S	M	N	Y	D	M	I	E	X	Ó	H	W	Ó
I	H	K	N	R	A	B	A	N	R	A	B	Ð	B	D
M	Ó	Ð	I	R	I	Ð	A	F	R	O	F	U	I	S
I	W	I	G	K	Ö	F	R	Æ	N	D	I	Z	D	R
E	E	Þ	I	D	K	B	B	A	R	N	Æ	S	K	A
U	F	H	E	D	W	O	S	Y	S	T	I	R	G	W
I	N	G	A	R	A	R	U	B	Í	V	T	Ð	Þ	Y

FORFAÐIR
FRÆNKA
BRÓÐIR
BARN
BARNÆSKA
BÖRN
DÓTTIR
FAÐIR
BARNABARN
AFI
AMMA
EIGINMAÐUR
MÓÐUR
MÓÐIR
FRÆNDI
INGAR
SYSTIR
TVÍBURAR
EIGINKONA

14 - Farm #1

J	C	L	L	G	C	P	E	E	M	H	Z	A	O	B
H	R	Y	Þ	J	Q	V	Z	F	W	U	Đ	R	V	N
R	Y	E	S	F	A	N	G	D	U	J	W	Y	E	H
O	Í	R	Æ	Y	M	V	E	K	Á	L	F	U	R	U
Á	B	U	R	Đ	U	R	I	R	W	A	H	Z	Ý	N
A	M	D	F	U	R	U	T	T	Ö	K	E	X	K	A
A	S	N	I	F	D	G	G	N	K	Á	S	F	T	N
Q	X	U	G	Q	Y	N	Y	I	E	R	T	T	A	G
X	F	S	X	K	S	I	U	E	R	K	U	Đ	U	W
L	Đ	Í	K	H	Y	L	F	H	N	Đ	R	C	P	A
O	U	V	A	H	D	K	T	X	S	G	I	M	E	C
V	A	T	N	Þ	F	Ú	M	S	H	R	I	N	T	H
K	X	O	K	N	Ó	J	R	G	S	Í	R	H	G	T
P	F	X	L	B	E	K	N	F	J	Đ	O	Þ	C	C
H	S	L	A	N	D	B	Ú	N	A	Đ	U	R	Z	F

LANDBÚNAÐUR
BÍ
VÍSUNDUR
KÁLFUR
KÖTTUR
KJÚKLINGUR
KÝR
KRÁKA
HUNDUR
ASNI

GIRÐING
ÁBURÐUR
ENGI
GEIT
HEY
HUNANG
HESTUR
HRÍSGRJÓN
FRÆ
VATN

15 - Camping

O	B	X	Q	Đ	H	E	N	G	I	R	Ú	M	N	N
J	I	O	L	C	D	S	T	Ö	Đ	U	V	A	T	N
W	C	Đ	C	Q	Þ	K	A	N	Ó	D	S	H	P	U
C	T	I	Q	S	U	V	G	J	N	H	C	G	A	H
S	U	U	O	V	E	I	Đ	A	D	T	J	Z	F	A
S	T	Y	N	W	O	Y	Đ	E	Ý	V	R	U	O	T
H	M	R	T	G	V	T	Đ	K	R	F	U	É	I	T
E	L	D	U	R	L	J	Đ	L	F	J	A	L	L	U
P	V	L	R	U	Ý	A	Z	E	M	R	T	Đ	W	R
J	S	A	B	G	T	D	T	F	D	E	I	A	R	R
Q	M	J	F	Ó	G	U	R	A	M	I	V	Z	G	S
S	R	T	D	K	H	L	O	O	G	P	A	M	A	U
Đ	Q	C	Q	S	Þ	Đ	K	Đ	K	I	T	W	M	B
Æ	V	I	N	T	Ý	R	I	P	Y	S	T	W	A	U
N	Á	T	T	Ú	R	A	N	C	B	Þ	Á	K	N	T

ÆVINTÝRI
DÝR
KLEFA
KANÓ
ÁTTAVITA
ELDUR
SKÓGUR
GAMAN
HENGIRÚM
HATTUR
VEIĐA
SKORDÝR
STÖĐUVATN
KORT
TUNGL
FJALL
NÁTTÚRAN
REIPI
TJALD
TRÉ

16 - Algebra

Y	A	R	E	C	V	N	D	F	Ó	V	Đ	Z	W	G
N	B	D	L	V	X	Ú	N	R	E	E	S	R	K	T
B	U	N	G	I	K	M	Y	Á	N	L	D	L	D	V
B	R	E	Y	T	A	E	M	D	D	D	K	W	N	V
D	E	I	L	D	Y	R	R	R	A	I	P	Đ	I	I
Z	L	K	S	V	I	G	A	Á	N	S	K	H	U	Đ
V	R	A	N	G	T	E	G	T	L	V	F	S	A	B
F	A	N	F	A	J	L	N	T	E	Í	J	H	D	Ó
F	O	N	B	G	U	U	I	U	G	S	H	V	L	T
V	Y	R	D	Y	C	N	R	R	A	I	W	K	A	L
Đ	B	L	M	A	G	Í	Ý	U	B	R	G	W	F	D
J	Y	C	K	Ú	M	L	K	T	L	A	U	S	N	X
Þ	B	S	Y	I	L	Á	S	T	N	Ú	L	L	I	V
I	E	Z	S	R	X	A	L	Á	P	P	W	O	E	Y
B	R	O	T	K	Q	G	Þ	Þ	Þ	N	L	P	B	G

VIÐBÓT
SKÝRINGARMYND
DEILD
JAFNA
VELDISVÍSIR
ÞÁTTUR
RANGT
FORMÚLA
BROT
ÓENDANLEGA

LÍNULEG
FYLKI
NÚMER
SVIGA
VANDAMÁL
EINFALDA
LAUSN
FRÁDRÁTTUR
BREYTA
NÚLL

17 - Numbers

S	V	L	R	W	H	Z	D	Q	M	X	J	O	Y	Á
J	Q	K	T	Í	U	A	U	K	A	S	T	A	F	T
Ö	N	J	U	L	K	M	Þ	Z	J	F	C	F	X	T
P	Á	P	Q	W	Þ	G	J	T	Þ	W	C	J	T	A
F	J	Ó	R	I	R	R	V	R	Ó	O	E	Ó	D	W
D	T	T	Í	P	D	K	E	D	Đ	L	D	R	S	F
I	Í	A	R	N	N	I	E	H	I	Y	F	T	Đ	Þ
V	N	H	Þ	Á	N	K	F	Þ	G	X	W	Á	J	V
S	A	U	T	J	Á	N	G	L	R	X	I	N	G	M
L	U	G	U	T	T	U	T	A	J	E	F	K	Đ	G
Y	L	D	K	Á	X	Þ	R	Q	Y	S	T	B	V	H
O	R	E	I	O	E	B	F	X	M	L	Q	T	A	Q
B	M	W	Đ	L	S	N	Á	T	M	M	I	F	Á	V
T	V	E	I	R	N	H	Í	S	I	V	N	H	Q	N
P	L	O	B	V	F	Đ	L	U	F	K	J	S	I	S

AUKASTAF
ÁTTA
ÁTJÁN
FIMMTÁN
FIMM
FJÓRIR
FJÓRTÁN
NÍU
NÍTJÁN
EINN
SJÖ
SAUTJÁN
SEX
SEXTÁN
TÍU
ÞRETTÁN
ÞRÍR
TÓLF
TUTTUGU
TVEIR

18 - Spices

O	O	S	L	E	N	N	E	F	P	V	S	G	U	R
Q	Q	A	Z	A	G	C	X	S	T	U	H	R	Y	Đ
I	U	F	K	F	K	P	J	G	R	L	K	K	H	M
A	M	F	K	Ú	R	K	K	N	U	L	Þ	Ó	V	E
K	M	R	A	G	M	O	R	U	T	I	B	R	Í	N
P	O	A	N	I	Đ	E	O	Í	Æ	N	L	Í	T	G
T	M	N	I	W	Þ	L	N	P	S	A	B	A	L	I
O	E	D	L	L	U	G	E	N	Í	V	R	N	A	F
U	D	M	Y	L	J	U	S	A	N	I	A	D	U	E
K	R	Ý	R	S	D	E	A	T	A	E	G	E	K	R
P	A	P	R	I	K	A	L	Z	B	B	Đ	R	U	J
D	K	A	V	R	O	N	T	N	A	R	I	R	R	W
T	L	B	P	B	A	L	A	U	K	U	R	W	L	U
M	Ú	S	K	A	T	K	Q	K	O	S	P	U	G	O
D	E	C	W	W	B	S	M	K	Y	Y	H	E	W	G

ANÍS
BITUR
KARDEMOMMU
KANIL
NEGULL
KÓRÍANDER
KÚMEN
KARRÝ
FENNEL
BRAGÐ
HVÍTLAUKUR
ENGIFER
LAKKRÍS
MÚSKAT
LAUKUR
PAPRIKA
SAFFRAN
SALT
SÆTUR
VANILLU

19 - Universe

I	T	E	N	M	I	H	Þ	N	C	I	M	S	O	C
Y	O	O	D	W	D	M	D	L	B	K	P	Ý	F	S
L	G	N	N	I	M	I	H	G	W	V	Y	N	M	J
S	T	J	Ö	R	N	U	F	R	Æ	Ð	I	L	Y	Ó
V	C	Þ	T	U	A	R	B	R	O	P	S	E	R	N
B	R	E	I	D	D	Ð	O	M	A	H	F	G	K	A
Ð	E	Þ	C	U	A	G	R	I	R	Ý	D	T	U	U
B	U	P	I	Þ	J	N	M	A	Ð	Z	S	L	R	K
S	Ó	L	S	T	Ö	Ð	U	R	J	N	W	U	C	I
L	E	N	G	D	A	R	G	R	Á	Ð	U	S	Ó	L
O	V	O	Q	M	I	Ð	B	A	U	G	U	R	X	T
H	B	H	N	L	B	K	G	A	L	A	X	Y	R	U
S	T	J	Ó	R	N	M	Á	L	O	C	S	H	R	N
Þ	S	M	Á	S	T	I	R	N	I	W	C	C	Ð	G
M	C	L	S	X	Q	B	Ð	Þ	U	D	Q	C	O	L

SMÁSTIRNI
STJÖRNUFRÆÐI
STJÓRNMÁL
HIMNETI
COSMIC
MYRKUR
EON
MIÐBAUGUR
GALAXY
JARÐAR

BREIDD
LENGDARGRÁÐU
TUNGL
SPORBRAUT
HIMINN
SÓL
SÓLSTÖÐUR
SJÓNAUKI
SÝNLEGT
DÝRIR

20 - Mammals

H	L	Þ	Z	J	G	G	H	S	K	G	U	M	R	P
Ö	A	P	I	A	O	Ó	Y	X	N	Đ	T	F	I	D
F	X	S	V	F	W	G	R	J	D	F	S	Í	M	R
R	E	V	A	E	B	Í	E	I	G	Z	R	L	R	G
U	Đ	S	N	R	N	R	M	D	L	Ú	U	R	P	G
N	J	R	Í	K	M	A	E	G	X	L	L	D	G	R
G	C	E	N	L	J	F	C	D	J	P	A	F	C	K
U	N	F	A	Z	Z	F	E	Þ	X	S	V	Đ	U	Q
R	A	U	K	D	N	I	K	O	R	C	H	I	H	R
U	U	R	M	A	Ó	K	H	U	N	D	U	R	Þ	K
T	T	T	I	E	J	Z	E	B	R	A	Q	G	F	B
T	S	R	S	S	L	É	T	T	U	Ú	L	F	U	R
Ö	Y	E	M	E	V	X	D	S	A	K	Þ	T	S	Đ
K	C	R	F	V	H	K	E	N	G	Ú	R	A	E	P
B	J	Ö	R	N	V	D	K	Q	B	Þ	K	F	G	T

BJÖRN
BEAVER
NAUT
KÖTTUR
SLÉTTUÚLFUR
HUNDUR
HÖFRUNGUR
FÍL
REFUR
GÍRAFFI
GÓRILLA
HESTUR
KENGÚRA
LJÓN
API
KANÍNA
KIND
HVALUR
ÚLFUR
ZEBRA

21 - Fishing

Þ	O	L	I	N	M	Æ	Ð	I	B	F	J	A	R	A
K	R	Ó	K	U	R	E	R	C	Ú	V	F	B	H	O
W	U	U	L	S	C	L	X	W	N	Í	N	Á	E	W
X	R	B	H	A	F	D	K	Ð	A	R	E	T	T	N
W	Ð	E	R	G	B	A	A	D	Ð	L	J	U	D	E
A	V	I	I	Þ	S	R	A	F	U	T	D	R	G	R
Ð	Í	T	S	R	Á	S	I	G	R	I	T	I	F	W
K	Y	A	B	Z	Q	P	P	N	Þ	A	M	X	N	Z
J	Ð	H	S	F	Þ	Y	N	G	D	Ý	K	J	U	R
Á	N	Ð	T	E	V	O	K	R	Q	F	I	D	T	L
L	L	Y	H	X	Ð	C	L	G	E	K	E	V	E	M
K	Q	E	Ð	G	O	I	Á	V	G	Q	C	Q	X	E
A	W	B	P	I	Ð	N	T	A	V	U	Ð	Ö	T	S
F	J	W	T	C	V	O	G	T	Ð	B	K	V	G	Q
R	I	V	E	R	E	I	Q	N	U	G	G	A	R	T

BEITA
KARFA
FJARA
BÁTUR
ELDA
BÚNAÐUR
ÝKJUR
UGGAR
TÁLKN
KRÓKUR
KJÁLKA
STÖÐUVATN
HAF
ÞOLINMÆÐI
RIVER
VOG
ÁRSTÍÐ
VATN
ÞYNGD
VÍR

22 - Bees

D	V	H	Y	F	G	D	C	K	T	J	Þ	B	S	V
U	V	J	A	S	R	U	T	X	Ö	V	Á	L	K	A
M	V	Z	F	T	V	J	N	R	Þ	J	X	Ó	O	X
B	Ú	S	V	Æ	Ð	I	Ó	U	Z	J	M	M	R	Q
V	P	S	Ó	L	K	I	V	K	W	B	G	S	D	R
H	I	L	M	W	K	Ð	B	Y	O	X	E	T	Ý	E
U	Þ	S	Ö	I	B	T	N	E	I	R	L	R	R	A
E	Ð	R	T	N	N	U	U	R	Ð	C	N	A	D	X
B	L	Ó	M	K	T	P	V	E	P	D	G	U	B	Ð
A	W	L	Y	C	E	U	Æ	E	G	N	A	N	U	H
G	A	R	Ð	U	R	R	R	M	R	J	G	K	E	G
Ð	K	Z	V	O	P	Q	F	K	M	A	T	U	R	X
B	N	X	G	Q	R	G	N	I	N	T	T	O	R	D
F	J	Ö	L	B	R	E	Y	T	N	I	D	W	R	H
B	Ý	F	L	U	G	N	A	B	Ú	Þ	C	D	Þ	O

GAGNLEG
BLÓMSTRA
FJÖLBREYTNI
VISTKERFI
BLÓM
MATUR
ÁVÖXTUR
GARÐUR
BÚSVÆÐI
BÝFLUGNABÚ
HUNANG
SKORDÝR
PLÖNTUR
FRJÓKORN
FRÆVUN
DROTTNING
REYKUR
SÓL
KVIK
VAX

23 - Photography

Z	T	G	N	I	N	Ý	S	L	E	T	W	J	J	B
F	Y	N	D	R	D	L	K	I	G	T	O	V	Z	Y
I	N	Z	D	E	N	R	U	T	N	W	S	Þ	N	D
J	R	U	K	R	Y	M	G	U	I	W	X	A	Æ	D
P	Þ	A	I	Þ	I	C	G	R	S	W	K	Ð	R	C
Ú	J	L	M	W	G	F	A	B	Ý	V	Ð	Æ	N	X
V	T	A	O	M	J	C	R	A	L	Æ	M	T	Ó	M
C	O	S	G	N	I	N	T	E	S	M	A	S	J	Á
E	K	Ð	Ý	Ð	Q	K	W	S	J	V	O	D	S	F
S	F	Þ	D	N	Y	M	S	T	I	L	D	N	A	E
A	Q	N	Þ	K	I	M	Ý	K	J	A	I	A	S	R
R	T	O	I	M	Y	N	D	A	V	É	L	T	V	Ð
S	J	Ó	N	A	R	H	O	R	N	I	G	A	A	I
Þ	Þ	T	M	W	G	U	D	X	T	W	W	Y	R	N
S	K	I	L	G	R	E	I	N	I	N	G	F	T	S

SVART
MYNDAVÉL
LITUR
SAMSETNING
ANDSTÆÐA
MYRKUR
SKILGREINING
SÝNING
SNIÐ
RAMMI
LÝSING
MÓTMÆLA
SJÓNARHORNI
ANDLITSMYND
SKUGGAR
MÝKJA
EFNI
ÁFERÐ
ÚTSÝNI
SJÓNRÆN

24 - Adventure

Á	F	A	N	G	A	S	T	A	Đ	U	R	I	X	N
H	Æ	T	T	U	L	E	G	T	Ó	R	U	M	D	Á
Đ	H	U	H	Đ	F	T	J	Q	M	S	K	V	G	T
Þ	U	X	B	N	E	Æ	G	R	D	Þ	Í	R	M	T
C	G	N	Þ	S	R	K	W	O	L	F	L	D	P	Ú
P	R	Ý	Q	L	Đ	I	P	U	E	S	A	Z	M	R
R	E	T	Y	S	A	F	G	F	E	G	U	R	Đ	A
I	K	T	F	C	Á	Æ	L	V	I	R	K	N	I	N
N	K	L	L	B	Æ	R	E	J	S	Z	G	K	X	W
A	I	O	Z	D	T	I	Đ	T	F	W	E	O	Þ	X
R	A	G	N	I	L	G	I	S	V	I	N	I	R	L
O	J	G	L	X	U	R	D	E	S	N	N	L	J	D
K	S	R	U	G	N	I	N	Ú	B	R	I	D	N	U
S	E	T	Þ	P	A	P	A	Ö	R	Y	G	G	I	C
Á	G	X	Z	P	Þ	T	V	Đ	U	V	V	B	B	X

VIRKNI
FEGURÐ
HUGREKKI
ÁSKORANIR
LÍKUR
HÆTTULEGT
ÁFANGASTAÐUR
VANDI
ELDMÓÐ

VINIR
FERÐAÁÆTLUN
GLEÐI
NÁTTÚRAN
SIGLINGAR
NÝTT
TÆKIFÆRI
UNDIRBÚNINGUR
ÖRYGGI

25 - Sport

N	Þ	Q	G	Q	U	Þ	D	B	S	D	A	L	S	Í
Æ	S	P	Z	D	T	F	A	E	H	C	J	D	K	Þ
R	U	K	R	Y	T	S	N	I	B	C	Q	I	O	R
I	H	J	A	R	T	A	S	N	G	E	T	U	K	Ó
N	Ð	R	Ð	P	H	V	A	S	L	I	E	H	K	T
G	Þ	Æ	G	I	T	Ð	Ð	C	Q	W	G	Þ	Þ	T
H	R	V	R	J	R	Ö	H	G	E	R	E	L	P	I
Á	E	C	O	A	R	V	W	D	Q	Z	C	V	S	R
M	K	X	M	I	T	P	I	K	S	A	N	F	E	F
A	R	U	Ð	A	M	A	T	T	Ó	R	Þ	Í	V	O
R	R	Q	J	E	T	X	M	I	L	H	U	Q	F	R
K	Þ	J	Á	L	F	A	R	I	X	V	J	M	E	R
A	D	N	Y	S	Ð	A	E	Y	W	B	B	Ó	V	I
G	L	Í	K	A	M	I	Þ	W	J	O	W	W	L	T
R	G	J	Q	F	T	V	L	A	Z	Q	S	D	T	A

GETU
ÍÞRÓTTAMAÐUR
LÍKAMI
BEIN
HJARTA
ÞJÁLFARI
HJÓLA
DANSA
MATARÆÐI
ÞREK
HEILSA
SKOKK
HÁMARKA
EFNASKIPTI
VÖÐVA
NÆRING
FORRIT
ÍÞRÓTTIR
STYRKUR
AÐ SYNDA

26 - Restaurant #2

Z	E	Q	V	C	O	P	A	J	T	E	H	A	E	S
L	J	Ú	F	F	E	N	G	U	R	G	I	Y	Þ	Ú
K	R	Y	D	D	Í	S	I	V	E	G	A	S	P	P
G	A	F	F	A	L	S	A	L	T	Q	S	K	Q	A
Þ	O	E	Ð	F	S	U	L	G	L	I	H	E	A	H
S	J	G	E	M	K	Z	G	Q	Ó	R	C	I	K	K
A	R	Ó	D	Q	Á	V	Ö	X	T	U	R	Ð	V	M
L	D	Q	N	R	O	I	M	T	S	K	N	E	Ö	C
A	Z	W	T	N	Y	S	H	K	P	S	Ú	U	L	K
T	T	F	A	Þ	F	K	M	C	Q	I	Ð	S	D	Ð
E	W	I	V	O	O	V	K	H	V	F	L	H	M	Q
E	C	D	Ð	E	J	N	H	U	S	R	U	W	A	J
H	M	H	I	T	E	M	N	Æ	R	G	R	P	T	J
H	Á	D	E	G	I	S	V	E	R	Ð	U	R	U	E
J	Z	G	Z	A	O	I	J	A	I	N	W	I	R	H

DRYKKUR
KAKA
STÓL
LJÚFFENGUR
KVÖLDMATUR
EGG
FISKUR
GAFFAL
ÁVÖXTUR
ÍS
HÁDEGISVERÐUR
NÚÐLUR
SALAT
SALT
SÚPA
KRYDD
SKEIÐ
GRÆNMETI
ÞJÓNN
VATN

27 - Geology

K	H	R	I	N	G	R	Á	S	K	S	Þ	G	X	E
A	R	Ý	S	J	A	M	I	Q	Ó	O	N	U	V	W
F	E	I	R	T	L	B	N	K	R	Y	F	G	Z	R
R	V	D	S	S	A	S	U	L	A	L	V	B	Y	O
A	H	N	S	T	T	L	A	S	L	H	H	N	P	F
A	S	E	T	U	A	A	A	N	L	C	Z	D	K	A
X	O	L	E	Z	M	L	L	C	M	K	V	A	R	S
J	G	Á	I	C	U	E	L	A	T	L	Q	S	N	Þ
Q	S	H	N	Þ	Í	D	E	A	G	I	L	L	E	H
Þ	T	P	E	X	S	I	K	T	R	M	T	C	T	Y
H	E	O	F	Á	L	F	U	N	N	I	I	E	W	B
R	I	K	N	V	A	Ð	U	T	H	F	Ð	T	L	Ð
A	N	A	I	F	K	F	Ð	P	O	Ð	P	J	E	W
U	N	J	A	R	Ð	S	K	J	Á	L	F	T	I	S
N	E	L	D	F	J	A	L	L	C	A	D	N	K	H

SÝRA
KALSÍUM
HELLI
ÁLFUNNI
KÓRALL
KRISTALLAR
HRINGRÁS
JARÐSKJÁLFTI
ROF
GOSHVER
HRAUN
LAG
STEINEFNI
HÁLENDI
KVARS
SALT
STALACTITE
STALAGMITES
STEINN
ELDFJALL

28 - House

G	G	L	U	G	G	A	T	J	Ö	L	D	V	Þ	G
S	I	B	Z	R	B	N	H	G	L	U	G	G	I	R
P	P	R	Y	N	S	U	Æ	G	F	I	E	G	L	H
E	M	U	Ð	R	U	H	Ð	N	B	U	P	W	J	E
G	A	Ð	K	I	Ð	I	N	N	I	R	A	Q	J	R
I	L	R	O	U	N	I	T	F	O	L	A	Á	H	B
L	O	A	M	Ð	K	G	Ð	V	A	I	T	Þ	Y	E
L	T	G	S	T	U	R	T	U	E	S	R	A	W	R
L	Þ	K	K	S	H	B	R	H	U	G	A	K	Q	G
V	S	Q	G	M	I	Í	L	U	G	C	G	K	X	I
K	Ú	S	T	U	R	L	Y	P	J	C	O	E	Ó	K
E	H	D	M	Z	K	S	K	Z	A	I	X	R	W	B
O	D	R	U	X	W	K	L	H	Ú	S	G	Ö	G	N
L	L	Y	C	O	S	Ú	A	P	B	J	H	F	Þ	M
H	E	P	F	W	B	R	V	K	Z	Þ	H	L	W	P

HÁALOFTINU
KÚSTUR
GLUGGATJÖLD
HURÐ
GIRÐING
ARINN
HÆÐ
HÚSGÖGN
BÍLSKÚR
GARÐUR
LYKLA
ELDHÚS
LAMPI
BÓKASAFN
SPEGILL
ÞAK
HERBERGI
STURTU
VEGG
GLUGGI

29 - Physics

Þ	B	W	C	F	G	T	Z	N	K	H	B	F	L	H
L	O	Z	J	N	H	O	F	C	J	X	P	B	I	W
C	G	H	R	Ö	Ð	U	N	X	A	Ð	A	R	H	T
I	A	Ð	I	L	H	L	A	D	R	P	V	O	M	E
Ð	S	M	N	O	T	R	P	R	N	B	E	G	M	R
Æ	E	W	Ð	Ö	F	U	D	Þ	O	Z	B	I	E	Q
R	R	T	Í	C	G	S	J	R	R	A	J	E	S	Z
F	A	L	T	U	K	N	S	U	K	D	W	E	S	R
L	L	F	G	R	O	Ð	A	R	U	L	N	F	I	P
É	Ú	H	E	V	J	J	Þ	P	P	A	J	Þ	S	Ð
V	M	R	V	I	Ð	Æ	T	S	F	A	T	T	Q	Þ
X	R	A	É	N	N	Y	O	L	Z	Y	Y	Ó	Þ	O
N	O	Ð	L	F	Z	D	N	I	E	M	A	S	M	V
O	F	I	F	E	S	E	G	U	L	M	A	G	N	P
Þ	É	T	T	L	E	I	K	I	S	O	G	I	J	B

HRÖÐUN
ATÓM
ROÐA
EFNI
ÞÉTTLEIKI
RAFEIND
VÉL
FORMÚLA
TÍÐNI
GAS
SEGULMAGN
MESSI
VÉLFRÆÐI
SAMEIND
KJARNORKU
ÖGN
AFSTÆÐI
HRAÐI
ALHLIÐA
HRAÐA

30 - Coffee

S	O	F	F	M	K	I	D	N	A	T	Ó	J	L	F
Y	Þ	Đ	W	Đ	J	O	Þ	J	L	I	I	Q	B	J
M	N	I	N	O	L	Ó	F	A	A	I	L	L	V	Ö
Þ	V	L	X	C	Đ	X	L	F	M	T	M	Q	P	L
Đ	E	I	V	Q	N	S	H	K	Í	R	U	T	I	B
S	R	X	D	X	C	Đ	B	L	R	N	R	O	P	R
Y	Đ	G	R	Y	T	G	B	R	E	N	N	T	A	E
K	Đ	O	Y	N	T	A	V	D	H	Đ	F	Q	R	Y
U	C	M	K	P	H	R	N	N	U	G	R	O	M	T
R	G	A	K	E	F	B	P	U	M	Đ	Q	P	M	N
P	D	N	U	Þ	S	S	V	A	R	T	F	P	K	I
E	F	U	R	S	Í	A	C	M	U	P	Q	X	F	L
Þ	Đ	J	H	G	D	N	D	Ó	J	T	P	Þ	N	L
V	T	E	A	U	Q	R	V	J	J	L	N	U	J	O
M	Þ	I	V	O	F	S	Ú	R	F	D	X	I	U	B

SÚR
ILMUR
DRYKKUR
BITUR
SVART
KOFFÍN
RJÓMA
BOLLI
SÍA
BRAGÐ
MALA
FLJÓTANDI
MJÓLK
MORGUNN
UPPRUNA
VERÐ
BRENNT
SYKUR
FJÖLBREYTNI
VATN

31 - Shapes

H	Þ	R	Í	H	Y	R	N	I	N	G	U	R	K	Þ
R	O	N	F	L	S	I	M	V	S	Y	R	Ð	E	T
É	F	R	I	N	Ú	R	B	Þ	I	N	Þ	Q	I	T
T	E	N	N	S	T	R	O	K	K	A	J	Þ	L	N
T	R	W	S	E	U	Z	M	L	W	O	B	P	A	I
H	N	S	P	O	R	B	A	U	G	H	I	B	P	T
Y	I	V	H	P	H	U	H	Þ	L	L	I	R	E	F
R	N	O	F	Ý	J	Y	G	B	M	I	Q	V	W	G
N	G	N	I	R	H	E	P	N	S	Ð	C	G	L	V
I	U	L	V	A	Þ	I	N	E	I	A	R	C	D	H
N	R	Í	U	M	Z	U	A	S	R	N	K	Ú	L	A
G	L	N	F	Í	V	M	I	Þ	P	B	E	N	Þ	O
U	Z	A	M	D	Ð	Ð	Y	P	Z	D	O	T	W	Y
R	Q	J	T	A	V	I	I	F	I	Y	V	L	B	B
M	A	R	G	H	Y	R	N	I	N	G	N	M	A	Þ

ARC
HRING
KEILA
HORN
TENINGUR
FERILL
STROKKA
BRÚNIR
SPORBAUG
HYPERBOLA
LÍNA
MARGHYRNING
PRISM
PÝRAMÍDA
RÉTTHYRNINGUR
HLIÐ
KÚLA
FERNINGUR
ÞRÍHYRNINGUR

32 - Scientific Disciplines

L	P	P	I	D	N	I	S	Í	V	L	Á	M	F	I
J	Í	A	J	Ð	B	O	R	V	I	V	U	X	I	T
S	A	F	O	P	M	G	G	E	S	Ð	P	A	Ð	K
G	T	R	E	R	P	R	E	H	T	M	M	X	Æ	I
R	S	J	Ð	F	V	Y	V	D	F	U	E	V	R	J
A	Á	A	Ö	F	N	I	Ð	Æ	R	F	A	N	F	E
S	L	V	P	R	R	A	A	U	Æ	S	B	I	S	L
A	F	Y	Z	J	N	Æ	F	B	Ð	O	H	V	I	Í
F	R	E	W	J	G	U	Ð	R	I	N	H	H	L	F
R	Æ	Þ	U	T	G	O	F	I	Æ	Y	B	Ð	Ð	F
Æ	Ð	B	I	Ð	Æ	R	F	R	U	Ð	E	V	E	R
Ð	I	Ð	Æ	R	F	L	É	V	Æ	T	I	G	F	Æ
I	Ð	Æ	R	F	A	M	R	A	V	Ð	K	Z	Í	Ð
Ó	N	Æ	M	I	S	F	R	Æ	Ð	I	I	F	L	I
S	T	E	I	N	D	A	F	R	Æ	Ð	I	Y	O	S

STJÖRNUFRÆÐI
LÍFEFNAFRÆÐI
LÍFFRÆÐI
GRASAFRÆÐI
EFNAFRÆÐI
VISTFRÆÐI
JARÐFRÆÐI
ÓNÆMISFRÆÐI
MÁLVÍSINDI
VÉLFRÆÐI
VEÐURFRÆÐI
STEINDAFRÆÐI
LÍFEÐLISFRÆÐI
SÁLFRÆÐI
VARMAFRÆÐI

33 - Beauty

R	I	N	T	B	A	E	R	H	V	Z	A	O	S	K
B	B	I	K	I	E	L	I	S	Æ	L	G	L	N	A
I	V	D	F	X	H	L	I	B	U	S	G	Í	Y	N
A	A	N	H	A	T	S	U	N	Ó	J	Þ	U	R	G
C	R	Y	P	H	R	U	R	Ö	V	V	I	R	T	V
O	A	M	Z	F	D	Ð	Y	A	O	R	T	U	I	B
Y	L	S	A	L	M	J	I	R	Æ	K	S	G	V	C
P	I	Ó	L	S	N	S	S	Q	S	L	I	E	Ö	C
G	T	J	S	I	K	G	F	Y	J	V	L	L	R	Q
L	U	L	G	E	T	A	Y	A	A	K	Í	I	U	W
B	R	F	U	Ð	K	U	R	Þ	M	Z	T	S	R	V
S	P	E	G	I	L	L	R	A	P	V	S	Æ	W	T
I	L	M	U	R	W	H	Þ	H	Ó	H	J	L	S	S
K	Ð	L	H	E	I	L	L	A	R	O	V	G	Ð	Q
G	N	Á	Ð	Ú	H	K	R	U	L	L	A	J	Ð	W

HEILLA
LITUR
SNYRTIVÖRUR
KRULLA
GLÆSILEIKI
GLÆSILEGUR
ILMUR
NÁÐ
VARALITUR
FARÐI
MASKARA
SPEGILL
OLÍUR
LJÓSMYNDIN
VÖRUR
SKÆRI
ÞJÓNUSTA
SJAMPÓ
HÚÐ
STÍLISTI

34 - Clothes

S	N	J	R	R	K	J	Ó	L	L	O	A	V	S	B
K	V	C	A	Ó	H	A	N	S	K	A	W	Y	K	U
Y	M	P	Z	K	F	Đ	R	E	H	W	D	T	A	X
R	Z	F	W	S	K	M	J	G	U	D	Đ	Z	R	U
T	U	R	Đ	L	S	I	S	V	U	N	T	U	T	R
A	E	X	R	I	B	T	Z	F	J	A	L	P	G	U
G	B	N	S	P	L	L	Þ	Y	K	B	T	E	R	T
T	N	A	W	E	Ú	E	H	S	N	M	H	I	I	T
Ö	R	D	H	Y	S	B	W	Z	A	R	D	L	P	A
F	E	E	D	V	S	M	Þ	P	W	A	L	H	I	H
T	C	B	F	Q	A	S	K	Ó	K	Á	P	U	R	S
T	Í	Z	S	I	G	A	L	L	A	B	U	X	U	R
Á	R	S	F	S	L	P	E	Y	S	A	B	A	N	Q
N	E	Q	K	G	U	B	K	R	U	O	X	I	J	J
P	N	Z	H	A	Y	V	X	V	Y	M	L	G	D	Q

SVUNTU
BELTI
BLÚSSA
ARMBAND
KÁPU
KJÓLL
TÍSKA
HANSKA
HATTUR
JAKKI

GALLABUXUR
SKARTGRIPIR
NÁTTFÖT
BUXUR
SKÓ
TREFIL
SKYRTA
SKÓR
PILS
PEYSA

35 - Insects

P	X	C	K	Q	B	T	L	M	H	M	T	P	G	G
L	D	Q	Þ	C	Í	F	I	Ö	O	A	E	Q	W	E
Ö	F	I	I	L	C	S	R	L	R	N	R	Y	B	I
N	B	L	P	D	F	F	V	Đ	N	T	M	C	C	T
T	A	J	U	L	L	O	A	Đ	E	I	I	O	G	U
U	U	V	A	G	Ó	I	F	T	T	S	T	A	T	N
L	H	Þ	E	L	A	I	R	K	F	M	E	L	D	G
Ú	O	B	J	Þ	L	M	O	Đ	C	B	U	Ú	X	U
S	U	N	Y	Đ	I	A	Q	N	I	Þ	N	K	R	R
F	R	Í	P	U	R	T	Đ	U	J	F	Þ	S	X	K
M	A	U	R	O	R	M	U	R	C	I	C	A	D	A
K	A	K	K	A	L	A	K	K	I	N	N	R	G	U
E	N	G	I	S	P	R	E	T	T	U	R	G	I	A
X	R	K	D	R	A	G	O	N	F	L	Y	I	B	D
S	W	B	Z	T	V	V	U	N	F	H	C	H	S	A

MAUR
PLÖNTULÚS
BÍ
BJALLA
FIÐRILDI
CICADA
KAKKALAKKI
DRAGONFLY
FLÓ
GRASKÚLA

HORNET
FRÍPUR
LIRVA
ENGISPRETTUR
MANTIS
FLUGA
MÖL
TERMITE
GEITUNGUR
ORMUR

36 - Astronomy

X	K	S	G	D	R	S	X	O	N	I	U	Q	E	M
G	Y	G	E	Ý	E	O	M	I	U	C	D	Þ	L	Y
X	R	K	R	R	I	M	M	Á	L	U	L	Ð	B	R
F	O	U	V	I	K	S	F	Þ	S	M	N	A	Y	K
H	T	W	I	R	I	O	V	V	I	T	U	E	B	V
H	A	H	T	D	S	C	Y	P	E	H	I	U	W	I
M	V	R	U	S	T	G	C	V	G	X	Ð	R	Ö	J
G	R	H	N	P	J	Þ	O	K	K	A	R	P	N	I
U	E	G	G	F	A	S	J	Ó	N	A	U	K	I	I
A	S	I	L	N	R	B	S	Z	T	T	U	N	G	L
L	B	W	M	N	N	I	E	T	S	T	F	O	L	R
F	O	C	D	F	A	I	R	N	I	P	Z	T	Ó	W
D	Y	X	A	L	A	G	M	Y	E	I	P	Ð	S	F
L	C	Y	H	Y	G	R	G	I	A	Q	W	Ð	J	Þ
E	U	W	U	L	D	D	I	X	H	L	U	H	M	X

SMÁSTIRNI
GEIMFARI
COSMOS
JÖRÐ
MYRKVI
EQUINOX
GALAXY
LOFTSTEIN
TUNGL
ÞOKKA
OBSERVATORY
REIKISTJARNA
GEISLUN
ELDFLAUG
GERVITUNGL
HIMINN
SÓL
SJÓNAUKI
DÝRIR

37 - Health and Wellness #2

S	J	Ú	K	R	A	H	Ú	S	S	Þ	X	L	U	L
M	A	T	A	R	Æ	Ð	I	O	J	Y	T	J	N	Í
D	V	W	U	Q	Ð	Ó	P	T	Ú	N	M	Ð	Y	F
O	F	N	Æ	M	I	L	G	Z	K	G	O	A	Ð	F
N	Þ	L	N	D	E	B	E	E	D	D	Ð	M	K	Æ
E	Q	T	C	D	E	X	D	J	Ó	Q	G	T	D	R
S	M	I	T	U	N	R	N	Í	M	A	T	Í	V	A
L	M	V	H	N	N	P	F	X	U	X	N	K	N	F
L	G	Ð	S	U	R	P	R	Ð	R	X	R	P	Æ	R
I	T	Æ	L	N	I	E	R	H	A	T	A	B	R	Æ
M	A	T	A	R	L	Y	S	T	F	F	J	O	I	Ð
W	A	Í	R	O	L	A	K	B	O	V	R	S	N	I
D	K	E	I	Þ	U	T	I	E	R	T	S	Æ	G	J
K	O	F	M	F	S	B	T	F	K	S	D	J	Ð	Z
X	M	W	H	O	B	B	N	R	A	S	L	B	Ð	I

OFNÆMI
LÍFFÆRAFRÆÐI
MATARLYST
BLÓÐ
KALORÍA
OFÞORNUN
MATARÆÐI
SJÚKDÓMUR
ORKA
ERFÐAFRÆÐI
SJÚKRAHÚS
HREINLÆTI
SMITUN
NUDD
NÆRING
BATA
STREITU
VÍTAMÍN
ÞYNGD

38 - Disease

H	B	Ö	N	D	U	N	A	R	F	Æ	R	I	F	Þ
Ó	Ó	Q	I	F	I	M	R	G	Y	Z	J	O	D	B
N	L	O	L	L	O	O	P	G	D	J	Ð	R	R	Þ
Æ	G	Þ	B	A	L	L	I	V	K	A	G	U	A	T
M	A	X	I	D	N	A	T	I	M	S	D	G	B	Þ
I	T	V	E	I	K	G	U	I	W	L	O	N	M	G
M	R	B	E	I	N	N	V	M	O	I	U	E	U	W
Æ	A	L	K	Ý	S	T	Þ	A	X	E	X	G	L	I
N	J	X	E	W	L	D	R	K	R	H	C	F	Z	V
F	H	S	F	X	J	L	U	Í	L	A	A	R	W	Ð
O	G	F	O	Z	V	K	H	L	Ð	U	N	A	A	Z
T	Y	U	I	C	Þ	H	V	M	W	O	N	D	T	A
Þ	Y	I	N	N	E	K	L	I	E	H	B	G	I	U
S	N	P	W	A	Ð	R	E	F	Ð	E	M	Z	U	U
B	A	K	T	E	R	Í	A	Ð	D	Ð	T	J	C	M

KVIÐ
OFNÆMI
BAKTERÍA
LÍKAMI
BEIN
LANGVARANDI
SMITANDI
HEILSA
HJARTA
ARFGENGUR
ÓNÆMI
BÓLGA
LUMBAR
TAUGAKVILLA
SÝKLA
LUNGUM
ÖNDUNARFÆRI
HEILKENNI
MEÐFERÐ
VEIK

39 - Time

A	W	W	C	C	U	L	Q	H	Đ	A	D	U	P	K
D	I	J	Z	Í	H	Đ	D	U	Z	C	N	Q	E	X
Y	N	P	Þ	D	L	Þ	W	K	G	W	U	J	K	U
G	Þ	I	Y	A	Q	M	R	P	L	E	T	Ö	F	L
C	Y	D	P	G	W	R	W	G	B	Q	S	Á	L	Þ
H	Á	D	E	G	I	Þ	L	B	C	Þ	U	Đ	V	D
M	N	C	R	S	N	E	M	M	A	K	K	U	L	K
U	Á	Ú	V	I	K	A	V	L	G	C	K	R	Á	M
Đ	B	N	N	Þ	Þ	G	H	A	E	W	U	G	R	O
Á	Đ	N	U	A	R	X	I	T	L	J	L	U	A	R
R	N	L	H	Đ	Í	T	M	A	R	F	K	U	T	G
B	N	C	Đ	Y	U	C	U	G	Á	Z	E	R	U	U
N	Ó	S	E	P	F	R	J	A	F	U	R	C	G	N
A	T	Ú	N	Í	M	Þ	K	D	G	K	H	Đ	U	N
Y	T	X	D	A	G	U	R	Q	F	A	K	Þ	R	J

ÁRLEGA
ÁÐUR
DAGATAL
ÖLD
KLUKKA
DAGUR
ÁRATUGUR
SNEMMA
FRAMTÍÐ
KLUKKUSTUND
MÍNÚTA
MÁNUÐUR
MORGUNN
NÓTT
HÁDEGI
NÚNA
BRÁÐUM
Í DAG
VIKA
ÁR

40 - Buildings

A	B	I	S	A	F	N	R	U	T	Y	O	L	Ð	O
Ð	Í	K	V	I	K	M	Y	N	D	A	H	Ú	S	B
G	L	G	Z	Y	V	S	E	N	D	I	R	Á	Ð	S
N	S	Ð	D	J	H	E	T	O	K	W	W	Þ	N	E
P	K	S	Ð	Ú	B	U	R	Ö	V	T	A	M	N	R
S	Ú	L	H	C	U	I	A	K	S	K	Ó	L	I	V
Ú	R	B	S	D	W	A	F	P	S	Q	I	Q	L	A
H	Ó	T	E	L	A	Q	R	E	N	M	Z	Þ	L	T
A	T	C	F	A	L	L	Q	M	U	K	I	Y	Ö	O
R	G	E	R	J	A	K	B	Æ	R	L	L	Ð	V	R
K	H	F	S	T	H	L	Ö	Ð	U	E	Ó	Ú	J	Y
Ú	Ð	J	K	T	W	O	L	L	K	F	K	B	Q	U
J	O	I	C	H	L	L	B	T	Z	A	S	Í	W	G
S	B	C	K	A	S	T	A	L	I	R	Á	A	P	R
E	L	E	I	K	H	Ú	S	O	Þ	B	H	C	J	Y

ÍBÚÐ
HLÖÐU
KLEFA
KASTALI
KVIKMYNDAHÚS
SENDIRÁÐ
VERKSMIÐJU
BÆR
BÍLSKÚR
SJÚKRAHÚS
HÓTEL
SAFN
OBSERVATORY
SKÓLI
VÖLLINN
MATVÖRUBÚÐ
TJALD
LEIKHÚS
TURN
HÁSKÓLI

41 - Philanthropy

G	E	F	A	T	K	Z	E	B	K	R	D	E	T	L
T	W	J	P	A	I	C	G	Ö	C	M	Q	C	E	Ð
G	W	M	Ó	D	K	R	J	R	M	Æ	Y	Y	N	G
E	L	H	H	W	I	Q	R	N	W	S	N	M	G	E
L	Ð	R	Y	M	E	W	J	O	H	K	X	A	I	Ö
Ð	V	I	O	C	L	P	E	Z	F	U	U	N	L	R
Ó	A	N	I	S	R	E	B	N	I	P	O	N	I	L
J	R	A	N	F	A	M	S	A	G	A	W	K	Ð	Æ
Þ	Ö	R	F	É	Ð	M	A	X	A	F	O	Y	I	T
L	Þ	O	E	C	I	Y	F	R	B	L	L	N	Q	I
A	W	K	K	G	E	V	A	É	K	K	G	I	Ð	A
V	Z	S	R	U	H	X	R	E	L	M	U	Ð	M	P
Ð	U	Á	E	W	J	E	Z	R	Ó	A	I	U	L	L
L	P	B	V	T	P	Q	Q	R	F	Ð	G	Ð	C	H
J	D	E	Z	I	Z	J	S	F	J	Á	R	M	Á	L

ÁSKORANIR
BÖRN
SAMFÉLAG
TENGILIÐI
GEFA
FJÁRMÁL
FÉ
ÖRLÆTI
ALÞJÓÐLEGT
MARKMIÐ
HÓPA
SAGA
HEIÐARLEIKI
MANNKYNIÐ
VERKEFNI
ÞÖRF
FÓLK
FORRIT
OPINBER
ÆSKU

42 - Gardening

R	B	B	A	L	D	I	N	G	A	R	Ð	U	R	G
O	R	K	I	I	J	A	R	Ð	V	E	G	U	R	Þ
T	P	Þ	W	D	Ó	H	R	E	I	N	I	N	D	I
O	Ð	I	X	N	Q	E	R	U	T	Æ	X	C	E	J
F	R	C	N	A	O	L	A	C	I	N	A	T	O	B
D	E	A	K	M	T	K	K	S	S	F	O	R	B	N
V	I	T	F	A	D	V	I	I	G	U	R	A	L	I
Ö	P	L	K	R	N	B	L	Ó	M	A	Ð	Æ	Ó	H
N	N	O	A	F	U	V	A	T	N	L	J	G	M	S
D	S	M	Z	D	G	Ð	V	I	C	I	P	J	S	W
E	T	W	Q	W	E	J	E	Þ	Q	X	U	J	T	X
X	O	L	O	U	T	R	M	V	S	F	K	K	R	G
P	N	I	D	Þ	Á	T	R	E	O	K	T	R	A	K
B	N	V	P	J	L	D	Y	E	F	K	U	S	J	J
Z	A	B	A	T	Í	S	L	Ö	N	G	U	N	A	R

BLÓMSTRA
BOTANICAL
VÖND
VEÐURFAR
MOLTA
ÍLÁT
ÓHREININDI
ÆTUR
FRAMANDI
BLÓMA

SM
SLÖNGUNA
LAUF
RAKI
ALDINGARÐUR
OPIN
FRÆ
JARÐVEGUR
TEGUND
VATN

43 - Herbalism

P	J	J	Q	Y	M	T	Đ	S	X	P	W	G	I	Đ
Q	L	N	I	D	N	A	M	L	I	Đ	G	A	R	B
N	Đ	A	N	O	G	A	R	T	S	E	E	R	S	E
L	O	R	N	F	R	Þ	O	J	Y	W	L	Đ	T	X
E	O	F	D	T	Z	F	N	L	O	L	N	U	E	J
N	M	F	B	J	A	F	V	I	L	R	G	R	I	Q
N	Y	A	N	Í	R	A	M	S	Ó	R	A	T	N	E
E	N	S	K	A	A	Y	U	A	G	C	G	M	S	F
F	T	P	I	G	R	F	H	B	R	Đ	E	L	E	N
F	U	I	P	F	Đ	B	U	A	Æ	R	N	T	L	I
O	R	E	G	A	N	O	L	Y	N	E	A	D	J	N
O	Y	Q	F	M	N	F	M	Ó	T	L	K	W	A	Q
U	L	S	Đ	I	E	R	T	A	M	C	A	O	G	M
B	L	Ó	M	H	V	Í	T	L	A	U	K	U	R	X
Z	G	P	G	Z	Þ	C	Y	R	Z	R	Z	Đ	Y	Đ

ILMANDI
BASIL
GAGNLEG
MATREIÐSLU
FENNEL
BRAGÐ
BLÓM
GARÐUR
HVÍTLAUKUR
GRÆNT

EFNI
LOFNARBLÓM
MARJORAM
MYNTU
OREGANO
STEINSELJA
PLANTA
RÓSMARÍN
SAFFRAN
ESTRAGON

44 - Flowers

K	I	M	E	H	Þ	X	Y	G	Q	M	U	S	H	H
V	R	Z	O	J	X	X	S	K	O	Z	Z	V	Þ	D
L	Á	Ó	V	Ö	N	D	I	T	Ú	L	I	P	A	N
C	M	E	N	I	M	S	A	J	T	K	P	H	X	K
K	S	N	Z	U	M	Þ	D	Q	T	U	R	C	V	T
I	S	Þ	Þ	T	B	A	L	U	D	N	E	L	A	C
S	Þ	I	A	X	E	L	G	M	H	E	F	A	A	E
Ó	P	M	Ó	L	B	R	A	N	F	O	L	P	I	Ð
L	Q	I	Y	A	C	A	L	Ð	O	X	O	L	R	Q
B	U	S	Þ	R	P	G	Í	W	O	L	F	W	E	O
L	K	Z	H	U	K	O	L	I	L	Y	I	Z	M	B
Ó	B	Þ	F	R	U	T	P	C	W	M	U	A	U	R
M	K	S	T	X	Q	H	J	P	F	Í	F	I	L	L
H	I	B	I	S	C	U	S	N	Y	N	O	E	P	F
E	Y	Ð	S	G	Z	E	O	R	C	H	I	D	L	G

VÖND
CALENDULA
SMÁRI
DAISY
FÍFILL
TOGA
HIBISCUS
JASMINE
LOFNARBLÓM
LÍLA

LILY
MAGNOLIA
ORCHID
PEONY
KRÓNUBLAÐ
PLUMERIA
POPPY
SÓLBLÓM
TÚLIPAN

45 - Health and Wellness #1

Þ	S	E	O	Q	Y	B	T	A	E	Y	N	I	E	B
M	Z	Ð	R	U	Í	R	E	T	K	A	B	L	B	E
U	S	J	K	U	L	K	T	I	G	B	Þ	Y	P	I
L	Ð	M	E	C	P	M	I	Ð	N	N	Ð	F	A	N
S	Æ	A	A	V	Ð	Ö	V	O	I	Ó	I	F	V	B
Ð	M	K	J	G	Ð	Æ	H	V	B	M	N	V	F	R
I	Z	E	N	Q	G	H	H	Þ	S	R	Y	E	Ð	O
E	O	T	E	I	A	I	N	C	W	O	Q	I	Z	T
M	P	Ó	V	S	R	U	G	N	U	H	P	R	A	M
P	Z	P	S	N	B	H	R	G	C	K	H	A	O	E
V	Þ	A	Z	G	Ð	T	A	U	G	A	R	Ú	Y	Ð
M	D	D	Ð	U	I	S	L	Ö	K	U	N	Y	Ð	F
P	Z	S	Ð	U	V	V	I	R	K	U	R	T	K	E
F	Æ	Ð	U	B	Ó	T	A	R	E	F	N	I	Þ	R
I	F	I	E	S	S	P	S	Þ	Z	E	N	Y	D	Ð

VIRKUR
BAKTERÍUR
BEIN
LÆKNIR
BEINBROT
VENJA
HÆÐ
HORMÓN
HUNGUR
MEIÐSLUM
LYF
VÖÐVA
TAUGAR
APÓTEK
VIÐBRAGÐ
SLÖKUN
HÚÐ
FÆÐUBÓTAREFNI
MEÐFERÐ
VEIRA

46 - Town

K	K	H	F	O	Đ	Ú	B	U	R	Ö	V	T	A	M
Þ	V	M	Q	L	E	T	Ó	H	T	H	B	W	T	X
Y	I	K	N	A	B	A	K	L	Í	K	E	X	Þ	R
K	K	O	R	R	U	Đ	A	K	R	A	M	S	C	I
H	M	Y	N	Q	V	F	S	R	A	U	H	K	Þ	D
Đ	Y	K	E	T	Ó	P	A	H	K	R	P	Ó	C	H
A	N	O	A	X	P	S	F	A	A	Z	R	L	Í	K
S	D	N	W	F	H	J	N	Z	B	U	G	I	R	Đ
A	A	Q	I	F	F	S	Ú	H	K	I	E	L	E	Ú
F	H	W	A	L	I	I	Đ	Ú	B	A	M	Ó	L	B
N	Ú	L	Þ	A	L	K	H	T	N	G	R	K	L	A
C	S	W	Þ	V	J	Ö	P	Ú	S	A	I	S	A	K
V	E	R	S	L	U	N	V	M	S	W	A	Á	G	Ó
F	L	U	G	V	Ö	L	L	U	R	T	X	H	C	B
D	Ý	R	A	G	A	R	Đ	U	R	Þ	F	H	H	K

FLUGVÖLLUR
BAKARÍ
BANKI
BÓKABÚÐ
KAFFIHÚS
KVIKMYNDAHÚS
BLÓMABÚÐ
GALLERÍ
HÓTEL
BÓKASAFN
MARKAÐUR
SAFN
APÓTEK
SKÓLI
VÖLLINN
VERSLUN
MATVÖRUBÚÐ
LEIKHÚS
HÁSKÓLI
DÝRAGARÐUR

47 - Antarctica

S	Y	B	Þ	V	K	I	N	F	E	N	I	E	T	S
Ý	K	S	W	L	E	W	Q	R	V	T	Đ	Y	L	Í
K	C	A	A	F	N	R	T	Đ	O	A	D	J	A	B
Q	O	Đ	G	Y	F	V	N	Q	C	V	H	A	N	L
V	R	C	P	I	Ó	L	F	D	X	D	R	R	D	J
H	I	T	A	S	T	I	G	M	U	H	I	A	A	N
L	E	I	Đ	A	N	G	U	R	Q	N	N	L	F	Þ
Đ	D	F	X	F	B	A	Á	A	E	X	K	K	R	F
G	P	R	N	U	A	L	M	L	K	L	Ó	Ö	Æ	G
Þ	X	E	B	X	P	S	D	G	F	S	S	J	Đ	R
T	Đ	V	X	C	W	D	J	U	V	U	N	Đ	I	L
T	E	H	R	U	X	N	E	F	N	Đ	N	C	X	C
J	H	M	S	A	P	A	O	P	E	N	A	N	Q	G
Z	E	U	G	G	R	L	V	O	Y	D	R	K	I	M
O	T	O	V	Í	S	I	N	D	L	E	G	T	H	W

FLÓI
FUGLAR
SKÝ
VERNDUN
ÁLFUNNI
COVE
UMHVERFI
LEIÐANGUR
LANDAFRÆÐI
JÖKLAR
ÍS
EYJAR
STEINEFNI
SKAGI
RANNSÓKNIR
ROCKY
VÍSINDLEGT
HITASTIG
LANDSLAG
VATN

48 - Ballet

L	Ó	F	A	K	L	A	P	P	K	T	X	U	J	S
T	Æ	K	N	I	Đ	Z	Þ	U	Ó	Ó	C	O	A	Ó
Q	S	M	L	G	G	U	Q	J	R	N	P	Y	U	L
C	K	F	Đ	Þ	A	N	Í	R	E	L	L	A	B	Ó
Á	Đ	N	D	H	R	I	O	A	Ó	I	G	Đ	V	Þ
T	H	H	H	Đ	B	V	Y	R	G	S	A	T	B	T
Æ	Ó	O	N	H	T	Ö	I	A	R	T	B	R	A	V
R	F	N	R	G	Á	Đ	M	S	A	D	L	U	X	Þ
Z	Z	I	S	F	L	V	Đ	N	F	D	S	T	Í	L
D	D	M	N	K	E	A	Đ	A	R	Q	K	K	S	X
J	L	Z	K	G	Á	N	A	D	D	K	Q	A	L	H
X	P	L	C	H	E	L	D	S	D	R	Þ	T	T	Æ
V	D	D	V	N	C	B	D	U	M	W	R	S	W	F
Đ	S	B	I	K	I	E	L	K	R	Y	T	S	Y	N
S	V	I	P	M	I	K	I	L	L	Y	Đ	N	R	I

LÓFAKLAPP
ÁHORFENDUR
BALLERÍNA
KÓREÓGRAF
TÓNSKÁLD
DANSARAR
SVIPMIKILL
LÁTBRAGÐ
STYRKLEIKI
VÖÐVA
TÓNLIST
ÆFING
TAKTUR
HÆFNI
SÓLÓ
STÍL
TÆKNI

49 - Fashion

B	V	Z	X	L	Þ	B	L	Æ	G	S	T	U	R	E
M	Y	N	S	T	U	R	O	Á	F	E	R	Ð	T	Ð
X	O	C	S	D	A	Z	P	U	T	J	K	R	Y	Y
J	P	Y	S	X	S	J	H	K	T	R	E	I	M	A
G	B	F	W	Q	B	T	G	E	L	I	G	Æ	Þ	M
F	A	T	N	A	Ð	Ý	B	U	M	N	Q	R	T	Í
C	U	M	Æ	L	I	N	G	A	R	F	Ú	U	G	T
N	I	U	A	V	U	G	I	N	Æ	E	T	G	E	Ú
H	K	Þ	W	Y	N	A	N	F	V	D	S	E	L	N
Þ	A	P	P	A	N	H	K	E	G	Q	A	L	N	J
L	Þ	G	I	H	P	A	Þ	T	Ó	O	U	I	I	M
R	W	D	K	U	B	T	S	S	H	Z	M	S	G	H
T	R	Ð	S	V	J	H	R	T	P	T	U	Æ	I	Z
U	L	L	N	U	Æ	X	M	C	Í	N	R	L	R	G
D	Ý	R	Þ	M	A	M	Y	T	Ð	L	Z	G	O	T

HAGKVÆM
BOUTIQUE
HNAPPA
FATNAÐ
ÞÆGILEGT
GLÆSILEGUR
ÚTSAUMUR
DÝR
EFNI
REIMA
MÆLINGAR
LÆGSTUR
NÚTÍMA
HÓGVÆR
ORIGINLEGT
MYNSTUR
HAGNÝT
STÍL
ÁFERÐ
STEFNA

50 - Human Body

F	W	Z	C	Y	O	J	L	F	H	H	X	Đ	O	B
J	Ó	L	W	S	L	Á	H	I	H	E	S	Đ	W	R
Z	Y	T	B	E	N	U	O	N	B	I	I	S	E	Þ
Z	E	I	U	P	B	I	Y	G	Q	Đ	O	L	Z	T
T	Q	L	Z	R	O	V	Y	U	W	C	Đ	V	I	Q
W	H	D	B	Đ	G	J	Þ	R	H	H	Ö	N	D	T
U	J	N	B	L	A	R	Y	E	N	I	E	B	S	S
W	S	A	G	X	Ó	H	L	D	É	Ö	K	K	L	A
H	Ö	K	U	E	S	Đ	T	D	W	Q	B	F	B	E
I	C	C	B	D	K	Ú	D	B	G	I	D	E	H	Đ
I	I	S	P	Đ	J	H	Ö	F	U	Đ	Ö	X	L	D
D	N	N	H	H	Á	W	G	P	L	D	M	S	N	I
H	A	T	Q	U	L	M	U	N	N	U	R	P	E	S
I	B	A	M	I	K	K	W	J	N	H	D	J	F	L
J	E	N	C	D	A	D	H	J	A	R	T	A	X	Q

ÖKKLA
BLÓÐ
BEIN
HEILI
HÖKU
EYRA
OLNBOGA
ANDLIT
FINGUR
HÖND
HÖFUÐ
HJARTA
KJÁLKA
HNÉ
FÓTUR
MUNNUR
HÁLS
NEF
ÖXL
HÚÐ

51 - Musical Instruments

T	Ó	B	Ó	J	N	A	B	G	F	Q	T	P	H	N
M	R	U	B	M	U	B	S	S	R	W	V	Í	K	S
W	U	O	Z	N	D	T	K	R	E	V	G	A	L	S
G	T	N	M	L	M	T	A	I	J	Đ	B	N	I	X
A	U	Í	N	M	T	E	P	M	O	R	T	Ó	U	Þ
F	A	L	S	H	A	N	Ú	S	Á	B	R	B	I	B
I	L	Ó	E	C	Ö	I	V	A	F	A	G	O	T	T
Đ	F	D	Y	V	U	R	A	G	N	O	G	E	Y	H
L	W	N	I	C	E	A	P	W	Í	S	E	L	L	Ó
U	K	A	V	D	Z	L	R	U	Q	T	L	D	F	H
E	E	M	T	X	M	K	A	D	W	E	A	D	N	U
S	A	X	Ó	F	Ó	N	H	A	B	M	I	R	A	M
A	H	Đ	W	E	F	Þ	U	X	O	V	W	W	P	U
S	U	O	K	Đ	Q	J	Y	W	Đ	O	O	Z	K	S
Y	Y	P	P	F	P	Þ	L	U	J	B	O	O	Y	E

BANJÓ
FAGOTT
SELLÓ
KLARINETT
TROMMA
FLAUTU
GONG
GÍTAR
MUNNHÖRPU
HARPA
MANDÓLÍN
MARIMBA
ÓBÓ
SLAGVERK
PÍANÓ
SAXÓFÓN
BUMBUR
BÁSÚNA
TROMPET
FIÐLU

52 - Fruit

P	H	W	N	N	E	C	T	A	R	I	N	E	S	Đ
D	Þ	H	N	M	Q	L	J	T	N	X	E	F	N	U
D	S	U	Q	O	T	E	N	E	Y	Ó	P	Z	H	J
Đ	L	L	Q	P	J	P	D	N	Y	M	L	Đ	U	T
G	J	X	O	B	J	R	N	H	E	N	H	E	K	E
V	Í	N	B	E	R	I	S	S	K	Z	K	R	M	A
A	P	R	Í	K	Ó	S	A	O	P	E	R	A	X	N
V	H	Þ	N	A	Í	A	J	K	S	R	E	F	F	A
Z	P	W	U	H	V	B	D	Ó	G	N	A	M	S	N
E	X	Đ	R	P	Í	Ó	A	K	Z	M	V	G	Í	A
W	L	L	F	J	K	X	K	N	K	N	A	D	T	S
K	I	R	S	U	B	E	R	A	A	H	U	Y	R	Đ
G	L	E	P	A	P	A	Y	A	D	N	G	N	Ó	B
N	P	B	K	S	F	N	B	L	N	Ó	I	L	N	W
P	E	H	I	N	D	B	E	R	J	U	M	I	U	A

EPLI
APRÍKÓSA
AVÓKADÓ
BANANI
BER
KIRSUBER
KÓKOSHNETA
MYND
VÍNBER
GUAVA
KÍVÍ
SÍTRÓNU
MANGÓ
MELÓNA
NECTARINE
PAPAYA
FERSKJA
PERA
ANANAS
HINDBERJUM

53 - Engineering

C	I	I	O	G	G	J	G	I	M	M	N	F	W	K
M	J	J	E	G	N	Þ	Í	W	C	Æ	Z	K	Đ	N
S	T	A	N	G	I	R	R	O	H	M	L	K	I	Ý
O	R	K	A	S	N	J	A	S	U	Þ	Á	I	D	J
H	V	R	Z	T	K	M	D	Ý	P	T	M	Đ	N	A
O	P	K	G	Y	I	P	Ó	X	V	Þ	R	Í	A	G
R	Á	K	C	R	E	W	G	T	M	Q	E	M	T	N
N	S	A	I	K	R	L	M	P	O	U	V	S	Ó	I
V	P	K	Y	U	T	J	U	H	D	R	Þ	V	J	F
B	É	Q	G	R	Ú	Q	W	Đ	J	L	T	V	L	I
I	R	L	D	Í	S	E	L	X	Đ	V	M	X	F	E
X	S	K	Ý	R	I	N	G	A	R	M	Y	N	D	R
S	T	Ö	Đ	U	G	L	E	I	K	I	V	T	W	D
J	W	J	I	M	H	X	B	Y	G	G	I	N	G	R
Q	Q	Đ	M	V	W	J	E	I	U	K	F	B	C	L

HORN
ÁS
ÚTREIKNING
SMÍÐI
DÝPT
SKÝRINGARMYND
ÞVERMÁL
DÍSEL
DREIFING
ORKA

GÍR
STANGIR
FLJÓTANDI
VÉL
MÆLING
MÓTOR
KNÝJA
STÖÐUGLEIKI
STYRKUR
BYGGING

54 - Kitchen

F	Y	P	Q	J	Đ	P	M	P	I	Þ	Z	K	M	C
I	I	Þ	D	L	K	I	S	C	Z	D	G	R	K	C
B	O	N	M	U	N	N	Ö	K	N	F	X	Y	N	R
Z	I	P	F	N	F	N	C	L	Á	I	I	D	S	C
J	B	P	O	E	O	A	Z	H	L	L	T	D	X	K
K	Y	Q	R	E	J	R	U	P	Á	K	S	S	Í	I
Y	R	I	K	D	S	U	J	E	Q	I	Y	K	J	T
O	U	U	S	R	Z	P	I	Đ	F	U	R	X	L	F
G	T	A	K	E	T	M	D	O	Þ	X	F	E	L	I
Đ	A	Đ	Þ	K	B	A	B	S	K	E	I	Đ	A	R
Z	M	U	T	N	U	V	S	O	H	N	Í	F	A	K
K	E	T	I	L	L	S	R	K	L	L	I	R	G	S
S	E	R	V	Í	E	T	T	A	H	L	I	X	N	P
A	Đ	B	O	R	Đ	A	Z	T	F	D	A	G	Q	P
D	D	G	S	Z	R	X	F	B	Đ	C	V	F	S	U

SVUNTU
SKÁL
PINNAR
BOLLA
MATUR
FORKS
FRYSTI
GRILL
KRUKKU
KÖNNU
KETILL
HNÍFA
SERVÍETTA
OFN
UPPSKRIFT
ÍSSKÁPUR
KRYDD
SVAMPUR
SKEIÐAR
AÐ BORÐA

55 - Government

M	Þ	A	L	K	K	H	F	R	Z	W	Ð	G	Þ	S
R	I	J	P	L	Á	M	N	R	Ó	J	T	S	U	J
É	Ð	N	Ó	H	R	J	K	Q	E	T	A	Z	P	Á
T	Æ	M	N	Ð	V	T	Á	Þ	D	L	W	Q	J	L
T	R	T	E	I	A	O	T	G	Ö	L	S	Ð	Z	F
L	Ð	N	Q	W	S	G	J	E	Ð	T	X	I	Z	S
Æ	Ý	D	Ó	M	S	M	C	L	T	L	Q	F	C	T
T	L	T	Ð	F	A	A	E	A	Ð	Æ	R	M	U	Æ
I	R	Æ	Ð	U	L	Ð	Q	R	L	S	Q	H	W	Ð
L	E	I	Ð	T	O	G	I	A	K	Ð	K	R	P	I
L	Ö	G	L	E	G	U	R	G	I	I	T	H	Q	M
U	M	D	Æ	M	I	K	Í	R	H	R	Q	E	W	F
R	P	C	M	N	V	O	O	O	R	F	P	Z	G	I
Z	Ð	Z	I	F	Z	L	Y	B	R	N	N	W	F	B
S	T	J	Ó	R	N	A	R	S	K	R	Á	V	Ð	D

BORGARALEG
STJÓRNARSKRÁ
LÝÐRÆÐI
UMRÆÐA
UMDÆMI
SJÁLFSTÆÐI
DÓMS
RÉTTLÆTI
LÖG
LEIÐTOGI
LÖGLEGUR
FRELSI
MINNISMERKI
ÞJÓÐ
FRIÐSÆLT
STJÓRNMÁL
RÆÐU
RÍKI
TÁKN

56 - Art Supplies

G	Q	M	L	B	B	C	Z	F	G	X	R	R	Þ	C
G	Þ	O	H	U	L	É	V	A	D	N	Y	M	G	K
Þ	N	T	Þ	R	Ý	A	N	D	Í	A	R	L	Í	M
M	M	N	H	S	A	D	Þ	E	J	L	E	Ó	G	T
T	Á	K	C	T	N	U	P	Ö	K	S	O	T	E	R
X	H	L	M	A	T	M	J	L	X	Æ	Y	S	L	S
W	A	U	N	R	A	B	M	T	I	L	A	E	E	H
P	Q	A	M	I	R	K	O	L	V	G	K	D	I	U
M	A	M	U	T	N	T	T	U	A	J	R	H	R	Ð
M	I	P	E	I	A	G	Q	O	T	J	Ý	G	L	G
Q	S	H	P	L	P	S	U	Z	N	E	L	N	X	Ð
Þ	Z	V	Þ	Í	S	T	R	O	K	L	E	Ð	U	R
H	B	V	Z	Y	R	A	F	Z	Ð	B	L	E	K	O
L	I	J	P	V	H	U	G	M	Y	N	D	I	R	B
V	A	T	N	S	L	I	T	I	R	C	K	G	N	M

AKRÝL
BURSTAR
MYNDAVÉL
STÓL
KOL
LEIR
LITI
SKÖPUN
GLÆSLA
STROKLEÐUR
LÍM
HUGMYNDIR
BLEK
OLÍA
MÁLNINGU
PAPPÍR
BLÝANTAR
BORÐ
VATN
VATNSLITIR

57 - Science Fiction

N	S	P	R	E	N	G	I	N	G	M	T	F	V	V
C	R	M	O	P	F	R	Á	B	Æ	R	Æ	T	É	Þ
H	E	I	M	U	R	Đ	O	A	O	W	K	S	F	W
E	M	Þ	C	K	Y	H	K	N	G	V	N	Ú	R	C
G	M	R	Y	B	G	W	E	R	A	E	I	H	É	U
Þ	M	Z	F	T	R	A	F	A	L	B	L	A	T	N
E	X	T	R	E	M	E	N	J	A	I	Z	D	T	I
Í	V	B	Æ	K	U	R	I	T	X	L	G	N	U	F
P	M	É	A	Í	P	Ó	T	S	Y	D	L	Y	X	R
A	R	Y	L	K	Y	M	O	I	E	Y	Z	M	G	E
Z	V	G	N	M	Z	Þ	R	K	H	N	E	K	R	K
D	Z	A	Ó	D	E	N	Đ	I	H	K	R	I	U	U
C	G	E	L	M	A	N	P	E	R	V	S	V	N	T
N	K	H	K	B	Z	Đ	N	R	R	T	R	K	B	O
Ú	T	Ó	P	Í	A	G	N	I	K	K	E	L	B	L

LOTUKERFINU
BÆKUR
EFNI
KVIKMYNDAHÚS
KLÓN
DYSTÓPÍA
SPRENGING
EXTREME
FRÁBÆR
ELDUR
GALAXY
BLEKKING
ÍMYNDAÐ
VÉFRÉTT
REIKISTJARNA
VÉLMENNI
TÆKNI
ÚTÓPÍA
HEIMUR

58 - Geometry

H	O	K	Q	R	E	M	Ú	N	G	U	V	F	H	Þ
Ð	L	E	E	L	Ö	F	Þ	R	W	P	Y	L	L	V
S	R	U	Z	N	Y	K	A	O	R	F	U	Á	U	E
F	H	Þ	T	F	N	X	F	H	Ð	Z	M	R	T	R
K	Æ	M	S	I	I	I	E	R	G	N	I	É	F	M
U	Ð	M	E	J	Q	Y	N	W	Æ	I	D	T	A	Á
F	E	R	I	L	L	F	N	G	V	Ð	L	T	L	L
R	T	S	R	Z	Y	I	S	S	E	M	I	Q	L	I
E	T	C	N	T	T	R	J	O	W	T	G	H	A	Z
V	H	A	J	C	E	B	V	Í	D	D	Ð	I	A	Þ
H	F	M	H	K	U	O	S	F	L	T	I	Þ	Ð	M
M	D	I	N	Y	Q	R	N	M	W	Y	M	M	V	L
A	F	R	B	P	A	Ð	I	L	H	M	A	S	W	Y
S	Ú	T	R	E	I	K	N	I	N	G	Þ	W	A	T
H	R	I	N	G	J	A	F	N	A	H	X	S	V	Y

HORN
ÚTREIKNING
HRING
FERILL
ÞVERMÁL
VÍDD
JAFNA
HÆÐ
LÁRÉTT
RÖKFRÆÐI

MESSI
MIÐGILDI
NÚMER
SAMHLIÐA
HLUTFALL
HLUTI
YFIRBORÐ
SAMHVERFU
KENNING

59 - Airplanes

S	S	C	U	Đ	V	F	Đ	X	Y	E	E	Q	Y	T
T	A	G	N	P	O	V	A	Z	Q	S	L	I	X	H
J	G	H	F	H	P	X	S	Z	G	K	D	Ó	X	U
Ó	A	H	E	F	Ö	R	C	E	I	R	S	K	O	M
R	F	I	T	A	O	N	U	V	G	Ú	N	Y	I	W
N	M	M	S	R	F	K	N	N	J	F	E	R	O	F
M	S	I	Y	Þ	I	C	O	U	A	U	Y	R	G	K
Á	G	N	J	E	V	É	L	L	N	R	T	Đ	B	P
L	I	N	O	G	V	K	H	T	O	P	I	B	V	X
O	X	G	N	I	D	N	E	L	Q	F	V	L	Z	Þ
Q	W	Æ	V	I	N	T	Ý	R	I	S	T	Ö	P	T
F	L	U	G	M	A	Đ	U	R	A	M	N	Đ	Æ	H
Á	H	Ö	F	N	V	E	T	N	I	Í	V	R	O	L
W	B	B	R	O	Q	J	K	Q	R	Đ	W	U	B	V
X	W	D	D	J	W	C	U	P	V	I	C	R	U	T

ÆVINTÝRI
LOFT
STJÓRNMÁL
BLÖÐRU
SMÍÐI
ÁHÖFN
UPPRUNA
HÖNNUN
STEFNU
VÉL
ELDSNEYTI
HÆÐ
SAGA
VETNI
LENDING
FARÞEGI
FLUGMAÐUR
SKRÚFUR
HIMINN
ÓKYRRÐ

60 - Ocean

F	I	S	K	U	R	Q	A	T	I	M	S	K	Y	H
G	S	I	S	K	A	Q	U	C	U	A	V	O	D	S
T	N	F	S	S	H	U	T	S	M	R	A	L	L	Á
Þ	A	N	G	D	L	B	L	L	Ð	G	M	K	L	M
N	C	E	Ð	J	S	Q	L	T	X	L	P	R	A	S
Y	B	L	F	T	F	Q	Ö	D	S	Y	U	A	R	K
R	Q	R	U	K	S	I	F	N	Ú	T	R	B	Ó	J
U	Æ	A	O	C	O	B	R	T	H	T	U	B	K	A
M	X	K	O	H	M	B	A	Q	T	A	L	I	I	L
R	G	Á	J	Þ	U	A	V	G	I	L	A	S	Z	D
O	Ð	H	N	A	J	R	Á	Þ	N	Ð	V	D	F	B
T	L	A	S	Q	U	K	J	Z	V	U	H	G	Q	A
S	W	Y	W	A	R	T	S	O	U	D	R	N	Þ	K
H	Ö	F	R	U	N	G	U	R	I	G	C	Ö	X	A
G	P	K	Ð	X	N	U	F	D	S	J	B	G	Þ	K

ÞÖRUNGA
KÓRALL
KRABBI
HÖFRUNGUR
ÁLL
FISKUR
MARGLYTTA
KOLKRABBI
OSTRA
RIF
SALT
ÞANG
HÁKARL
RÆKJA
SVAMPUR
STORMUR
SJÁVARFÖLL
TÚNFISKUR
SKJALDBAKA
HVALUR

61 - Force and Gravity

U	W	B	U	K	S	O	M	T	V	S	F	L	S	U
E	B	Z	H	X	Á	E	S	C	U	M	S	K	Ð	P
H	R	A	Ð	I	O	D	G	N	Y	Þ	T	L	O	P
K	A	L	H	L	I	Ð	A	U	K	I	Æ	T	O	G
D	G	M	I	Ð	Ð	F	Y	B	L	Þ	R	F	O	Ö
F	N	Q	G	G	Æ	G	Ð	Q	X	M	Ð	E	Þ	T
U	U	I	Ð	Æ	R	F	L	É	V	X	A	K	E	V
I	Þ	M	J	L	F	X	L	X	Y	V	J	G	R	U
M	Ð	Í	W	R	S	I	A	C	R	R	A	R	N	N
M	I	T	F	A	I	N	R	I	N	G	I	E	U	R
O	R	Ð	R	J	L	Ú	Z	H	S	Y	Þ	L	K	U
W	K	O	J	F	Ð	N	K	M	Á	D	E	F	K	R
E	S	X	X	A	E	I	V	R	Q	N	F	G	Æ	Y
Z	Ð	F	R	U	G	N	I	T	S	Ý	R	Þ	T	T
O	G	J	E	W	Þ	G	K	E	Ð	I	B	Ð	S	B

ÁS
MIÐJA
UPPGÖTVUN
FJARLÆGÐ
KVIK
STÆKKUN
NÚNING
ÁHRIF
SEGULMAGN
STÆRÐ
VÉLFRÆÐI
SKRIÐÞUNGA
EÐLISFRÆÐI
ÞRÝSTINGUR
EIGNIR
HRAÐI
TÍMI
ALHLIÐA
ÞYNGD

62 - Birds

K	Y	S	S	S	V	A	N	U	R	O	W	Z	U	M
R	P	P	Æ	T	P	I	I	X	T	D	O	C	R	Q
Á	E	A	G	J	R	V	X	H	M	Ö	R	G	Æ	S
K	A	R	R	P	U	Ú	M	Ð	Y	K	T	K	C	D
A	C	R	U	K	R	O	T	S	O	J	O	A	S	O
N	O	O	U	G	T	J	I	U	Ð	Ú	G	N	P	V
R	C	W	A	A	O	Þ	K	Z	R	K	N	A	S	Q
P	K	J	I	U	U	R	S	D	Q	L	I	R	S	Z
N	E	Q	N	K	C	Y	Þ	V	N	I	M	Í	X	Y
Ð	M	L	H	U	A	A	T	F	I	N	A	F	Ú	D
F	G	V	I	R	N	Ö	B	R	M	G	L	U	G	U
C	E	M	K	C	B	R	Z	E	G	U	F	G	G	E
A	T	D	A	Q	A	N	P	W	Ö	R	Z	L	Q	S
N	X	U	R	U	V	N	H	I	O	N	O	R	E	H
P	Á	F	A	G	A	U	K	U	R	Q	D	Q	Þ	C

KANARÍFUGL
KJÚKLINGUR
KRÁKA
GAUKUR
DÚFA
ÖND
ÖRN
EGG
FLAMINGO
GÆS
HERON
STRÚTUR
PÁFAGAUKUR
PEACOCK
PELICAN
MÖRGÆS
SPARROW
STORKUR
SVANUR
TOUCAN

63 - Nutrition

V	R	Þ	Æ	Q	F	T	M	Þ	P	R	B	H	O	M
Þ	Í	Y	Ð	T	V	D	E	Y	R	C	N	E	E	A
E	S	T	G	V	U	S	L	N	Ó	R	V	I	I	T
H	G	H	A	B	W	R	T	G	T	N	E	L	T	A
Q	R	P	R	M	G	Z	I	D	E	U	C	S	U	R
M	Ó	R	B	R	Í	T	N	J	I	C	W	A	R	L
Y	L	Þ	G	N	G	N	G	S	N	Ð	Þ	E	E	Y
V	E	Ð	U	B	Ð	U	X	H	L	E	Æ	N	F	S
P	G	V	B	C	A	J	N	E	V	R	N	G	N	T
Y	U	H	Y	L	I	R	U	T	I	B	Ð	Ð	I	B
Y	R	N	D	F	Z	E	M	A	T	A	R	Æ	Ð	I
J	J	S	R	U	Ð	G	I	R	B	L	I	E	H	D
N	Æ	R	I	N	G	A	R	E	F	N	I	Z	C	D
H	I	T	A	E	I	N	I	N	G	A	R	W	J	E
S	Ó	S	A	V	K	O	L	V	E	T	N	I	W	G

MATARLYST
RÓLEGUR
BITUR
HITAEININGAR
KOLVETNI
MATARÆÐI
MELTING
ÆTUR
GERJUN
BRAGÐ
VENJA
HEILSA
HEILBRIGÐUR
NÆRINGAREFNI
PRÓTEIN
GÆÐI
SÓSA
EITUREFNI
VÍTAMÍN
ÞYNGD

64 - Hiking

L	E	I	Ð	S	Ö	G	U	M	E	N	N	R	S	U
C	C	K	E	E	Y	F	R	V	C	M	C	S	T	N
U	G	V	H	G	T	S	J	Þ	T	G	G	M	E	D
V	E	Ð	U	R	F	A	R	A	T	J	T	O	F	I
Þ	D	C	Þ	A	Z	Z	A	M	L	Ó	S	S	N	R
Þ	F	Þ	R	J	Z	B	N	K	L	L	S	K	U	B
A	F	Q	E	B	K	F	I	R	I	U	T	Í	M	Ú
I	L	H	Y	D	T	Ú	E	V	V	K	Í	T	Ö	N
D	Ý	R	T	R	O	K	T	X	D	K	G	Ó	R	I
U	L	A	T	U	Q	U	S	J	Q	Þ	V	F	K	N
R	I	S	U	Þ	U	N	G	T	Æ	U	É	L	U	G
V	T	B	R	U	O	C	K	G	Y	Ð	L	U	N	U
U	A	G	D	W	N	P	R	U	Ð	R	A	G	E	R
V	P	T	W	C	L	M	U	N	I	D	N	U	F	A
G	R	D	N	A	R	Ú	T	T	Á	N	D	R	S	H

DÝR
STÍGVÉL
ÚTJÆÐA
BJARG
VEÐURFAR
LEIÐSÖGUMENN
ÞUNGT
KORT
MOSKÍTÓFLUGUR
FJALL
NÁTTÚRAN
STEFNUMÖRKUN
GARÐUR
UNDIRBÚNINGUR
STEINAR
FUNDINUM
SÓL
ÞREYTTUR
VATN
VILLT

65 - Professions #1

S	V	Q	O	V	I	I	Þ	M	W	T	E	Þ	R	V
E	E	S	Á	L	F	R	Æ	Ð	I	N	G	U	R	É
N	I	Þ	G	D	V	Ó	E	N	R	X	X	N	I	L
D	Ð	J	T	B	V	J	J	K	A	S	Ð	K	N	V
I	I	Á	W	T	Z	T	Ð	Þ	S	S	E	A	K	I
H	M	L	I	T	M	S	B	M	N	Ð	L	Y	Æ	R
E	A	F	Y	U	Z	A	L	A	A	F	Æ	G	L	K
R	Ð	A	X	W	R	K	L	Ö	D	K	V	L	O	I
R	U	R	H	Ð	Q	N	H	L	G	C	O	T	K	W
A	R	I	Q	U	J	A	B	Ð	H	M	O	B	R	D
F	Y	N	M	Ð	T	B	U	Y	R	J	A	Q	B	U
R	I	T	S	T	J	Ó	R	I	D	G	Q	Ð	O	Ð
J	A	R	Ð	F	R	Æ	Ð	I	N	G	U	R	U	W
L	Ö	G	F	R	Æ	Ð	I	N	G	U	R	J	L	R
Þ	H	S	J	Ó	M	A	Ð	U	R	F	Þ	M	I	Q

SENDIHERRA
LÖGMAÐUR
BANKASTJÓRI
ÞJÁLFARI
DANSARI
LÆKNIR
RITSTJÓRI
JARÐFRÆÐINGUR
VEIÐIMAÐUR
LÖGFRÆÐINGUR
VÉLVIRKI
SÁLFRÆÐINGUR
SJÓMAÐUR
KLÆÐSKERI

66 - Barbecues

X	U	L	M	K	P	H	F	G	H	F	S	Á	R	T
A	T	L	E	A	J	Đ	E	O	M	M	A	V	C	Ó
W	D	C	D	F	T	Ú	C	A	R	P	L	Ö	J	M
P	H	W	R	Í	T	U	K	D	T	K	T	X	X	A
K	D	I	U	N	I	G	R	L	S	G	S	T	K	T
J	Þ	B	T	H	E	R	A	Y	I	N	J	U	D	A
S	Ó	S	A	L	H	Æ	M	K	L	N	X	R	L	R
Z	I	H	M	T	L	N	U	S	N	R	G	Y	L	U
A	H	O	D	Q	A	M	S	L	Ó	Ö	J	U	I	G
L	Z	M	L	Þ	O	E	S	Ö	T	B	P	N	R	N
E	D	O	Ö	W	C	T	N	J	W	J	S	I	G	U
I	U	U	V	T	F	I	S	F	Q	I	A	D	X	H
K	A	I	K	V	I	N	I	R	T	X	L	F	D	E
I	L	Þ	E	K	X	Z	W	F	L	A	Ö	R	V	I
R	T	J	J	A	L	F	B	Y	J	X	T	E	W	W

KJÚKLINGUR
BÖRN
KVÖLDMATUR
FJÖLSKYLDA
MATUR
FORKS
VINIR
ÁVÖXTUR
LEIKIR
GRILL
HEITT
HUNGUR
HNÍFA
TÓNLIST
SALÖT
SALT
SÓSA
SUMAR
TÓMATAR
GRÆNMETI

67 - Chocolate

Y	X	E	S	A	L	G	Y	N	T	H	V	L	U	W
M	G	M	Æ	N	O	M	Æ	A	I	N	O	J	P	O
X	Y	G	T	D	Y	N	U	Ð	R	E	B	Ú	P	Z
S	N	R	U	O	J	Y	V	R	I	T	G	F	Á	G
W	X	A	R	X	W	C	Z	O	L	U	Z	F	H	R
Y	F	G	U	U	X	L	R	B	K	M	G	E	A	B
K	Þ	N	T	N	M	Y	I	Ð	F	Q	H	N	L	R
A	T	I	Ð	A	B	L	U	A	P	I	B	G	D	A
R	M	N	M	R	V	O	I	M	M	A	N	U	S	G
A	S	I	C	E	G	R	B	I	T	U	R	R	Q	Ð
M	Y	E	O	F	H	A	N	D	V	E	R	K	E	U
E	K	A	I	N	F	E	F	R	A	M	A	N	D	I
L	U	T	F	I	R	K	S	P	P	U	K	A	K	Ó
L	R	I	K	Ó	K	O	S	H	N	E	T	A	D	Z
A	L	H	Z	J	J	C	E	Y	S	M	H	S	Q	I

ANDOXUNAREFNI
ILMUR
HANDVERK
BITUR
KAKÓ
HITAEININGAR
NAMMI
KARAMELLA
KÓKOSHNETA
LJÚFFENGUR
FRAMANDI
UPPÁHALDS
EFNI
HNETUM
GÆÐI
UPPSKRIFT
SYKUR
SÆTUR
BRAGÐ
AÐ BORÐA

68 - Vegetables

C	E	G	A	R	T	I	H	O	K	E	L	G	R	H
K	N	U	K	R	Ú	G	Y	V	Þ	N	W	I	W	O
P	G	L	D	I	S	P	Í	N	A	T	S	R	G	R
R	I	R	F	P	B	L	Ó	M	K	Á	L	D	P	U
Æ	F	Ó	E	P	C	R	D	E	Þ	Q	Y	C	P	K
Ð	E	T	G	E	M	I	B	G	Z	K	C	W	Þ	U
J	R	F	G	V	S	T	E	I	N	S	E	L	J	A
A	Ð	J	A	S	G	E	G	Ð	D	Z	L	S	J	L
N	E	F	L	Þ	C	R	C	A	N	U	A	E	S	T
S	U	P	D	I	H	F	A	H	C	D	U	L	G	Í
V	A	N	I	J	Þ	E	U	S	K	O	K	L	V	V
T	S	L	N	G	G	N	C	Þ	K	P	U	E	D	H
J	Z	S	A	N	D	H	E	F	J	E	R	R	C	E
V	X	M	C	T	Z	Ð	A	Þ	L	O	R	Í	I	Y
T	Ó	M	A	T	S	P	E	R	G	I	L	K	Á	L

ARTIHOKE
SPERGILKÁL
GULRÓT
BLÓMKÁL
SELLERÍ
GÚRKU
EGGALDIN
HVÍTLAUKUR
ENGIFER
SVEPPIR
LAUKUR
STEINSELJA
PEA
GRASKER
RÆÐJA
SALAT
SPÍNAT
TÓMAT

69 - The Media

A	R	E	B	N	I	P	O	Á	N	E	T	I	N	U
S	U	T	Í	M	A	R	I	T	Z	L	F	O	L	Þ
T	G	G	D	X	K	B	A	U	V	E	W	E	V	B
A	N	N	L	I	Ð	I	T	P	I	K	S	M	A	S
Ð	I	I	F	Ý	L	R	Æ	B	Ð	A	T	S	S	J
R	L	S	J	N	S	B	H	B	H	N	E	T	G	G
E	K	Ý	Á	K	A	I	X	O	O	A	Þ	V	J	R
Y	A	L	R	Ú	D	O	N	P	R	A	V	T	Ú	G
N	T	G	M	T	A	I	M	G	F	H	X	B	P	K
D	S	U	Ö	G	G	F	R	V	A	F	Á	L	I	T
I	N	A	G	Á	B	J	V	A	Ð	R	T	Þ	M	Q
R	I	M	N	F	L	I	Ð	N	A	Ð	U	R	B	N
Q	E	P	U	A	Ö	M	E	N	N	T	U	N	X	Q
S	E	Y	N	Q	Ð	S	T	A	F	R	Æ	N	K	Q
V	I	T	S	M	U	N	A	L	E	G	U	M	Z	S

AUGLÝSINGAR
VIÐHORF
AUGLÝSING
SAMSKIPTI
STAFRÆN
ÚTGÁFA
MENNTUN
STAÐREYNDIR
FJÁRMÖGNUN
EINSTAKLINGUR
IÐNAÐUR
VITSMUNALEGUM
STAÐBÆR
TÍMARIT
NET
DAGBLÖÐ
Á NETINU
ÁLIT
OPINBER
ÚTVARP

70 - Boats

Z	A	E	Á	H	S	I	E	S	G	A	L	Ð	G	S
J	C	Þ	I	H	W	R	U	T	S	A	M	M	R	E
N	H	Ð	R	Q	Ö	Y	T	Ö	G	K	J	G	V	G
U	F	E	R	J	A	F	X	Ð	I	C	E	D	O	L
S	N	U	U	A	B	W	N	U	R	Ö	J	F	Y	B
J	U	L	Ð	E	X	L	É	V	E	E	Z	E	M	Á
Ó	J	S	A	H	L	B	V	A	K	K	V	B	V	T
M	G	S	M	F	Þ	T	D	T	K	X	Ð	I	S	U
A	G	N	Ó	J	E	Þ	H	N	A	S	F	Þ	R	R
N	Y	E	J	M	L	Ð	Ð	A	B	Þ	K	Y	C	Q
N	R	K	S	R	E	I	P	I	F	K	A	J	A	K
A	B	K	Ð	Q	J	K	O	N	U	A	S	G	Q	X
O	J	J	U	J	E	E	E	E	S	N	E	T	U	E
A	Y	U	V	Q	J	L	S	J	M	Ó	F	H	B	O
Q	G	Y	S	E	Y	F	C	N	Y	X	Q	K	C	I

AKKERI
BAU
KANÓ
ÁHÖFN
BRYGGJU
VÉL
FERJA
KAJAK
STÖÐUVATN
MASTUR
SJÓMANNA
HAF
FLEKI
RIVER
REIPI
SEGLBÁTUR
SJÓMAÐUR
SJÓ
FJÖRU
SNEKKJU

71 - Activities and Leisure

Y	L	G	A	O	T	U	D	Y	I	F	Z	H	K	U
L	Á	M	A	G	U	H	Á	B	I	T	K	N	Ö	O
V	P	S	O	R	T	T	Z	L	Đ	F	J	E	R	P
B	C	I	Q	U	Đ	Q	Y	A	Y	I	P	F	F	P
X	Đ	N	K	T	H	Y	O	K	X	T	Đ	A	U	M
X	D	N	U	S	B	F	R	W	C	L	N	L	B	Á
Y	U	E	Đ	K	A	O	R	K	G	O	F	E	O	L
Y	J	T	S	A	Đ	R	E	F	J	B	L	I	L	V
Ú	F	Y	S	P	V	E	I	Đ	I	A	I	K	T	E
C	T	Y	P	P	K	R	H	W	M	N	S	A	I	R
M	X	J	P	A	L	S	R	E	V	F	T	R	Y	K
C	W	Q	Æ	K	E	T	U	Þ	M	A	G	N	J	U
G	O	L	F	Đ	U	B	S	K	V	H	J	V	D	X
E	Z	P	N	U	A	G	F	Ó	T	B	O	L	T	I
L	W	K	Ö	F	U	N	B	T	B	G	P	Q	K	F

LIST
HAFNABOLTI
KÖRFUBOLTI
HNEFALEIKAR
ÚTJÆÐA
KÖFUN
VEIÐI
GARÐYRKJA
GOLF

ÁHUGAMÁL
MÁLVERK
KAPPAKSTUR
VERSLA
FÓTBOLTI
SUND
TENNIS
FERÐAST
BLAK

72 - Driving

U	D	M	X	G	V	B	V	K	U	L	Q	L	H	B
B	M	N	W	A	G	N	Ö	G	D	X	M	Q	R	J
R	T	F	J	Ð	E	U	R	O	T	Ó	M	W	A	B
E	L	P	E	N	S	X	U	Q	N	W	D	T	Ð	C
M	G	M	A	R	I	O	B	W	R	L	B	P	I	L
S	Y	L	S	U	Ð	Y	Í	B	Í	L	S	K	Ú	R
U	K	Y	Þ	G	N	A	L	G	E	R	G	Ö	L	M
R	N	W	J	E	R	T	L	L	L	W	A	I	Z	Ó
U	W	E	D	V	P	T	X	V	Í	V	N	C	K	T
J	W	O	G	W	N	Æ	D	E	Ð	B	G	G	O	O
L	R	T	R	Z	R	H	I	C	K	B	A	A	R	R
J	E	B	Í	L	S	T	J	Ó	R	I	N	S	T	H
I	T	Y	E	N	S	D	L	E	Þ	E	D	P	W	J
S	M	P	F	R	D	L	H	F	B	P	I	F	M	Ó
T	O	T	J	I	G	G	Y	R	Ö	O	B	B	Ð	L

SLYS
BREMSUR
BÍLL
HÆTTA
BÍLSTJÓRI
ELDSNEYTI
BÍLSKÚR
GAS
LEYFI
KORT

MÓTOR
MÓTORHJÓL
GANGANDI
LÖGREGLAN
VEGUR
ÖRYGGI
HRAÐI
UMFERÐ
VÖRUBÍLL
GÖNG

73 - Biology

Þ	N	Á	T	T	Ú	R	U	L	E	G	T	B	P	T
S	R	B	T	M	R	J	C	I	M	I	N	L	F	A
Y	Ý	Ó	U	Í	T	R	B	Ð	U	U	O	H	B	U
N	D	O	U	S	C	J	Q	Æ	F	R	Æ	Ð	I	G
A	N	H	S	N	Í	T	Ó	R	P	U	X	C	L	A
P	E	O	Ó	E	M	O	H	F	O	Í	O	U	Ý	F
S	P	R	M	N	T	N	Q	A	D	R	E	L	B	R
E	S	M	S	X	A	M	U	R	F	E	A	I	M	U
S	Q	Ó	O	E	U	X	K	Æ	O	T	A	T	A	M
Þ	F	N	Þ	Ð	G	U	Z	F	E	K	E	N	S	A
S	K	R	I	Ð	D	Ý	R	F	W	A	X	I	L	A
Ð	M	S	G	U	M	P	I	Í	S	B	I	N	T	A
A	O	L	Q	N	E	G	A	L	L	O	K	G	X	S
S	T	Ö	K	K	B	R	E	Y	T	I	N	G	V	R
L	J	Ó	S	T	I	L	L	Í	F	U	N	R	L	K

LÍFFÆRAFRÆÐI
BAKTERÍUR
FRUMA
LITNING
KOLLAGEN
FRÆÐI
ENSÍM
ÞRÓUN
HORMÓN
SPENDÝR
STÖKKBREYTING
NÁTTÚRULEGT
TAUG
TAUGAFRUMA
OSMÓSU
LJÓSTILLÍFUN
PRÓTÍN
SKRIÐDÝR
SAMBÝLI
SYNAPSE

74 - Professions #2

U	L	V	F	U	B	T	V	L	K	H	R	M	J	R
L	Í	E	E	U	L	H	E	P	L	R	U	Á	S	A
V	F	R	G	A	X	L	X	I	V	R	Ð	L	Y	N
B	F	K	T	R	I	U	Æ	Z	K	B	A	A	D	N
J	R	F	R	A	D	F	W	K	T	N	M	R	C	S
F	Æ	R	A	J	N	M	K	P	N	H	A	I	N	A
L	Ð	Æ	N	Æ	Ó	N	Ð	D	Ð	I	Ð	R	Ð	K
U	I	Ð	N	P	B	X	L	R	Q	D	A	Ð	I	A
G	N	I	S	S	Q	M	P	Æ	N	Þ	L	E	R	N
M	G	N	Ó	A	B	U	G	N	K	Ð	B	C	A	D
A	U	G	K	K	N	F	B	A	F	N	F	A	F	A
Ð	R	U	N	N	L	E	M	H	R	X	I	Ð	M	H
U	Y	R	I	I	K	E	N	N	A	R	I	B	I	Ð
R	L	X	R	E	T	P	X	I	L	S	J	X	E	K
E	F	N	A	F	R	Æ	Ð	I	N	G	U	R	G	Þ

GEIMFARI
LÍFFRÆÐINGUR
EFNAFRÆÐINGUR
TANNLÆKNI
EINKASPÆJARA
VERKFRÆÐINGUR
BÓNDI
TEIKNARI
RANNSAKANDA
BLAÐAMAÐUR
MÁLARI
LÆKNI
FLUGMAÐUR
RANNSÓKNIR
KENNARI

75 - Emotions

I	A	Ð	R	L	C	G	Þ	Ð	X	D	T	K	A	Q
A	Q	F	U	U	É	I	Þ	X	C	U	K	N	V	A
V	F	K	T	M	B	T	S	P	E	N	N	T	H	Ð
A	R	S	Á	X	S	B	T	J	X	Ð	D	N	F	L
N	Ó	U	L	W	O	I	Ð	I	E	R	L	O	G	N
D	P	S	K	A	I	R	U	Ð	R	B	I	T	T	Ó
R	P	K	K	I	P	O	X	E	M	D	V	G	Q	K
Æ	E	J	A	G	D	P	E	L	L	D	Ð	Æ	N	M
Ð	U	Y	Þ	L	F	R	A	G	H	S	Ó	N	M	T
A	T	Q	M	X	H	F	S	Ð	R	W	G	L	J	S
L	U	R	Ð	S	J	V	O	F	U	H	O	L	Q	K
E	Q	R	R	Ð	L	D	R	E	Ð	R	G	U	K	E
G	S	A	M	Ú	Ð	I	G	D	I	G	Z	F	F	F
U	L	E	I	Ð	I	N	D	I	R	Ð	U	P	Y	N
R	Á	S	T	U	D	Y	L	S	F	S	Æ	L	A	I

REIÐI
SÆLA
LEIÐINDI
LOGN
EFNI
VANDRÆÐALEGUR
SPENNT
ÓTTI
ÞAKKLÁTUR
GLEÐI
GÓÐVILD
ÁST
FRIÐUR
AFSLAPPAÐUR
LÉTTIR
SORG
FULLNÆGT
SAMÚÐ
EYMSLI
RÓ

76 - Mythology

H	V	Ö	L	U	N	D	A	R	H	Ú	S	K	S	Þ
Đ	Ö	F	Þ	L	F	M	A	X	X	Y	Q	X	T	Đ
E	H	R	U	M	U	R	Þ	X	A	N	T	W	Y	U
L	I	O	M	R	X	X	T	K	P	J	H	S	R	H
D	M	H	S	U	U	Z	S	O	G	N	I	K	K	Z
I	N	Đ	K	Đ	N	A	J	T	E	H	Ó	E	U	A
N	A	I	R	A	U	G	D	X	L	Y	D	P	R	R
G	R	V	Í	M	P	A	D	X	Đ	M	A	N	H	K
N	Í	O	M	S	Ö	S	G	F	U	Z	U	A	E	E
I	K	P	S	Đ	K	Đ	L	L	A	R	Đ	T	G	T
N	I	R	L	Í	S	Ó	X	F	D	F	L	F	Đ	Y
N	Đ	L	I	R	N	J	I	D	N	F	E	H	U	P
E	A	J	Z	T	P	Þ	C	M	U	O	I	B	N	E
M	O	Đ	H	S	S	G	B	R	F	Đ	K	V	A	L
K	Z	P	Q	E	H	C	U	N	Ö	L	A	H	P	Q

ARKETYPE
HEGĐUN
VIĐHORF
SKÖPUN
SKEPNA
MENNING
HÖRMUNG
HIMNARÍKI
HETJA
ÓDAUĐLEIKA
ÖFUND
VÖLUNDARHÚS
ÞJÓĐSAGA
ELDING
SKRÍMSLI
DAUĐLEG
HEFND
STYRKUR
ÞRUMUR
STRÍĐSMAĐUR

77 - Agronomy

I	Z	U	M	G	L	T	K	E	Z	G	Q	A	W	X
Y	G	M	E	R	J	Í	I	I	N	I	N	M	E	J
I	G	H	N	Æ	N	W	F	O	R	I	H	B	T	Þ
T	Ð	V	G	N	Á	Ð	R	R	U	T	N	Ö	L	P
U	C	E	U	M	M	M	E	Þ	Æ	E	K	O	A	H
V	I	R	N	E	O	A	K	J	Q	N	I	R	D	Q
B	B	F	N	T	A	V	M	T	C	Q	T	K	C	I
Á	Ú	I	V	I	D	N	I	S	Í	V	D	A	J	Ð
B	F	S	F	R	A	M	L	E	I	Ð	S	L	A	Æ
U	I	R	K	L	A	N	D	B	Ú	N	A	Ð	U	R
R	W	U	Æ	A	S	J	Ú	K	D	Ó	M	A	S	F
Ð	T	T	E	N	P	K	P	G	W	P	X	E	V	T
U	X	A	Q	X	W	E	T	J	J	Þ	N	M	E	S
R	A	M	A	Z	O	I	M	Þ	V	M	Ð	R	I	I
I	M	T	F	C	P	U	F	W	E	Y	Y	W	T	V

LANDBÚNAÐUR
SJÚKDÓMA
VISTFRÆÐI
ORKA
UMHVERFI
ROF
BÚSKAP
ÁBURÐUR
MATUR
LÍFRÆNT
PLÖNTUR
MENGUN
FRAMLEIÐSLA
SVEIT
VÍSINDI
FRÆ
NÁM
KERFI
GRÆNMETI
VATN

78 - Hair Types

H	G	T	C	E	Þ	I	D	N	A	S	N	A	L	G
E	U	R	C	J	U	G	Ð	U	V	T	Z	O	D	L
I	Q	A	Á	B	R	A	A	L	L	U	R	K	F	J
L	T	V	S	R	R	B	T	U	A	T	V	D	L	Ó
B	B	S	A	I	F	Ð	I	S	Þ	T	E	U	É	S
R	S	L	S	K	Ö	L	L	Ó	T	T	U	R	T	H
I	Ð	U	Ð	C	M	H	V	Í	T	U	R	F	T	Æ
G	S	I	L	F	U	R	B	R	Ú	N	T	Y	U	R
Ð	X	C	I	J	T	B	U	U	M	Þ	Q	R	R	Ð
U	T	R	K	O	T	W	H	N	V	J	N	K	V	U
R	G	J	W	I	É	L	A	N	G	T	Ú	C	P	R
M	A	W	U	N	L	V	E	U	X	T	O	K	D	Z
T	V	F	E	Þ	F	N	Ð	Þ	U	T	O	L	U	K
Þ	Y	K	K	U	R	H	R	O	K	K	I	Ð	Ð	R
S	N	X	R	E	C	X	N	G	M	E	O	A	W	T

SKÖLLÓTTUR
SVART
LJÓSHÆRÐUR
FLÉTTUM
FLÉTTUR
BRÚNT
LITAÐ
KRULLA
HROKKIÐ
ÞURR
GRÁR
HEILBRIGÐUR
LANGT
GLANSANDI
STUTT
SILFUR
MJÚKUR
ÞYKKUR
ÞUNNUR
HVÍTUR

79 - Garden

G	C	T	V	V	S	H	S	U	B	S	O	M	B	F
R	M	R	V	O	X	E	Z	L	Y	M	K	M	V	S
Z	N	É	M	F	I	X	R	H	Ö	G	R	A	S	B
H	E	N	G	I	R	Ú	M	L	T	N	Ð	I	D	U
A	L	D	I	N	G	A	R	Ð	U	R	G	J	Z	W
G	Y	V	R	R	B	F	U	I	V	U	N	U	Q	L
O	R	K	Ú	Ö	Y	Í	K	L	E	Ð	I	M	N	Þ
C	U	A	K	J	I	R	K	L	R	I	Ð	S	Ð	A
F	Ð	B	S	T	L	H	E	G	Ö	V	R	T	H	K
V	R	C	L	F	K	O	B	R	N	N	I	E	Þ	O
G	A	F	Í	Ó	L	J	E	E	D	Í	G	I	X	M
X	G	L	B	B	M	Ö	Q	S	M	V	E	N	M	T
B	V	Þ	R	U	G	L	T	I	S	D	M	A	G	Þ
Ð	L	T	R	A	M	P	Ó	L	Í	N	Þ	R	F	H
B	K	N	T	I	M	L	G	F	Z	Y	O	S	E	L

BEKKUR
BUSH
GIRÐING
BLÓM
BÍLSKÚR
GARÐUR
GRAS
HENGIRÚM
SLÖNGUNA
GRASFLÖT

ALDINGARÐUR
TJÖRN
HRÍFA
STEINAR
MOKA
VERÖND
TRAMPÓLÍN
TRÉ
VÍNVIÐUR
ILLGRESI

80 - Diplomacy

S	A	M	F	É	L	A	G	Ö	R	Y	G	G	I	L
B	M	Ð	R	X	Á	H	F	Þ	O	B	I	R	Ð	A
G	A	B	A	Q	M	I	A	H	X	Q	L	É	Æ	U
J	K	Ö	T	Á	N	U	T	K	Y	L	Á	T	R	S
P	E	I	S	I	R	R	N	S	F	Þ	M	T	F	N
T	Þ	Ð	M	D	Ó	P	Á	Z	S	Z	T	L	Ð	D
L	Z	Æ	A	N	J	E	Þ	Ð	V	V	T	Æ	I	U
Ð	G	R	S	I	T	L	Z	L	G	C	Á	T	S	M
Z	A	N	H	L	S	I	H	Ð	B	J	S	I	I	R
S	E	N	D	I	H	E	R	R	A	I	A	M	H	Æ
U	Q	A	U	E	K	J	Q	V	O	Ð	G	F	C	Ð
J	W	M	P	H	S	E	N	D	I	R	Á	Ð	I	A
D	I	P	L	O	M	A	T	I	C	I	V	I	C	Y
R	Í	K	I	S	S	T	J	Ó	R	N	H	O	F	P
N	E	U	Y	B	O	R	G	A	R	A	R	F	D	O

RÁÐGJAFI
SENDIHERRA
BORGARAR
CIVIC
SAMFÉLAG
ÁTÖK
SAMSTARF
DIPLOMATIC
UMRÆÐA
SENDIRÁÐ
SIÐFRÆÐI
RÍKISSTJÓRN
MANNRÆÐI
HEILINDI
RÉTTLÆTI
STJÓRNMÁL
ÁLYKTUN
ÖRYGGI
LAUSN
SÁTTMÁLI

81 - Countries #1

W	F	O	W	G	P	V	F	H	O	B	S	P	N	T
C	X	F	U	X	Đ	Ó	E	O	N	Đ	B	A	O	D
Q	T	B	Đ	S	O	H	L	N	W	Q	M	N	R	N
Q	Ó	K	K	O	R	A	M	L	E	U	M	A	E	Đ
E	L	C	T	C	B	Ú	K	Þ	A	S	L	M	G	D
L	Í	B	Ý	A	I	J	M	N	P	N	Ú	A	U	N
L	E	T	T	L	A	N	D	E	P	W	D	E	R	A
B	U	E	S	E	D	N	A	L	N	N	I	F	L	L
R	P	S	E	A	A	Í	L	A	T	Í	Þ	Y	M	A
A	T	A	N	R	N	S	P	Á	N	N	A	T	A	T
S	U	H	E	S	A	V	G	A	R	A	K	Í	N	P
I	X	G	G	Í	K	X	Þ	W	V	J	A	G	T	Y
L	D	N	A	L	A	K	S	Ý	Þ	W	R	A	E	G
Í	Đ	R	L	C	P	O	S	J	T	J	Í	F	Í	E
A	P	Đ	Z	B	O	J	N	F	P	K	J	P	V	Y

BRASILÍA
KANADA
EGYPTALAND
FINNLAND
ÞÝSKALAND
ÍRAK
ÍSRAEL
ÍTALÍA
LETTLAND
LÍBÝA
MAROKKÓ
NÍKARAGVA
NOREGUR
PANAMA
PÓLLAND
RÚMENÍA
SENEGAL
SPÁNN
VENESÚELA
VÍETNAM

82 - Adjectives #1

Y	H	K	I	A	W	X	S	Þ	Y	S	R	F	H	A
T	G	E	L	R	A	Đ	A	N	T	E	M	R	A	L
L	A	A	I	E	E	R	Q	S	Þ	Q	A	A	M	V
I	Đ	P	D	Đ	S	U	P	F	U	B	H	M	I	A
S	L	G	N	C	A	K	F	O	N	P	I	A	N	R
T	A	Þ	A	N	M	R	Þ	Þ	N	Đ	V	N	G	L
R	Đ	I	M	B	Í	Y	L	N	U	O	K	D	J	E
Æ	A	T	L	N	T	M	H	E	R	C	Đ	I	U	G
N	N	Z	I	G	Ú	Z	L	Æ	G	R	Þ	G	S	T
N	D	F	N	M	N	Q	W	M	G	U	F	Þ	A	G
R	I	T	P	F	A	L	L	E	G	T	R	I	M	N
H	J	Á	L	P	S	A	M	U	R	Á	S	G	U	U
Þ	Q	A	L	G	E	R	G	Y	I	L	Q	Ö	R	Þ
M	I	K	I	L	V	Æ	G	T	D	R	N	N	M	Q
D	Ý	R	M	Æ	T	U	R	M	L	Ö	S	C	K	U

ALGER
METNAÐARLEGT
ILMANDI
LISTRÆNN
AÐLAÐANDI
FALLEG
MYRKUR
FRAMANDI
ÖRLÁTUR
HAMINGJUSAMUR
ÞUNGT
HJÁLPSAMUR
HEIÐARLEGUR
SÖMU
MIKILVÆGT
NÚTÍMA
ALVARLEGT
HÆGT
ÞUNNUR
DÝRMÆTUR

83 - Rainforest

V	A	R	Đ	V	E	I	S	L	U	V	E	X	F	I
N	Á	T	T	Ú	R	A	N	D	Y	E	N	V	R	B
B	U	Þ	G	F	A	H	M	Ý	Z	Đ	D	J	U	O
A	T	F	E	C	L	Q	R	R	I	U	U	Z	M	T
D	E	M	I	H	G	A	Ý	M	N	R	R	H	S	A
M	O	S	S	L	U	J	D	Æ	T	F	R	L	K	N
S	G	F	J	H	F	G	K	T	Y	A	E	G	Ó	I
P	U	M	S	F	E	G	S	U	E	R	I	T	G	C
E	I	S	K	I	R	Y	O	R	R	T	S	E	U	A
N	C	Z	O	Y	Y	B	R	H	B	B	N	G	R	L
D	A	F	R	S	A	M	F	É	L	A	G	U	R	A
Ý	V	K	D	W	S	U	Y	T	Ö	I	H	N	F	R
R	D	K	Ý	K	S	R	S	N	J	R	B	D	V	A
C	J	Þ	R	A	B	F	Þ	K	F	S	B	O	Z	U
V	I	R	Đ	I	N	G	A	T	H	V	A	R	F	T

FROSKDÝR
FUGLAR
BOTANICAL
VEÐURFAR
SKÝ
SAMFÉLAG
FJÖLBREYTNI
FRUMBYGGJA
SKORDÝR
FRUMSKÓGUR

SPENDÝR
MOSS
NÁTTÚRAN
VARÐVEISLU
ATHVARF
VIRÐING
ENDURREISN
TEGUND
LIFUN
DÝRMÆTUR

84 - Global Warming

G	U	J	D	R	U	M	H	V	E	R	F	I	S	A
I	A	W	Q	V	Í	N	Ú	N	A	O	Ö	Ð	S	R
T	P	S	I	A	Z	K	I	Ð	D	A	J	Æ	Z	K
S	P	Z	L	V	L	C	I	K	N	O	G	V	O	T
A	E	K	G	Í	K	Þ	O	S	A	L	G	S	Q	Í
T	R	Ð	Y	S	Y	B	J	V	S	J	Ö	Ú	J	S
I	K	X	H	I	N	M	G	Ó	V	T	L	B	U	K
H	B	I	T	N	S	V	Q	M	Ð	X	J	Ð	U	U
Í	B	Ú	A	D	L	E	G	U	Í	L	L	Ó	U	R
L	W	P	K	A	Ó	Ð	Ö	W	T	I	E	T	R	B
G	A	B	R	M	Ð	U	G	O	M	W	Q	G	I	N
F	J	B	O	A	I	R	N	J	A	B	J	C	C	U
Ð	E	J	X	Ð	R	F	T	O	R	W	L	L	T	Ó
O	Q	M	A	U	R	A	R	N	F	V	I	X	J	R
Ð	X	O	N	R	X	R	I	Ð	N	A	Ð	U	R	Þ

ARKTÍSKUR
ATHYGLI
VEÐURFAR
KREPPA
GÖGN
ÞRÓUN
ORKA
UMHVERFIS
FRAMTÍÐ
GAS

KYNSLÓÐIR
RÍKISSTJÓRN
BÚSVÆÐI
IÐNAÐUR
ALÞJÓÐLEG
LÖGGJÖF
NÚNA
ÍBÚA
VÍSINDAMAÐUR
HITASTIG

85 - Landscapes

R	E	V	H	S	O	G	J	Q	L	Ð	J	Þ	P	E
U	I	G	A	K	S	N	S	Ö	Y	R	E	Q	B	Y
L	E	V	A	R	S	V	J	W	K	Y	P	P	X	J
A	L	Ð	E	G	H	W	F	Þ	S	U	V	I	N	A
D	D	S	K	R	Ö	M	I	Ð	Y	E	L	J	T	R
G	F	A	H	E	H	S	B	Þ	L	A	L	L	A	D
V	J	R	R	B	Æ	J	W	T	W	N	A	P	V	N
Z	A	R	Ð	S	Ð	Ó	Ð	V	X	J	J	R	U	U
P	L	W	A	Í	T	F	Z	O	F	B	F	I	Ð	T
D	L	V	R	C	B	K	I	B	O	O	D	Q	Ö	N
F	Z	H	B	G	K	Ð	E	P	S	M	P	F	T	Ð
K	J	C	O	H	E	F	M	I	S	Ð	A	Q	S	B
W	I	A	X	T	W	J	Ý	L	J	M	A	W	Þ	G
G	U	L	R	Þ	S	R	R	H	E	L	L	I	F	Þ
E	O	B	Q	A	E	U	I	D	N	H	U	X	I	U

FJARA
HELLI
EYÐIMÖRK
GOSHVER
JÖKULL
HÆÐ
ÍSBERG
EYJA
STÖÐUVATN
FJALL
VIN
HAF
SKAGI
RIVER
SJÓ
MÝRI
TUNDRA
DALUR
ELDFJALL
FOSS

86 - Plants

I	J	G	K	Þ	V	N	P	Q	P	K	C	C	M	O
A	L	A	R	E	B	V	U	Y	I	I	F	B	M	R
O	I	R	Ó	F	L	O	R	A	L	B	T	G	F	F
J	V	Đ	N	S	A	G	Đ	B	B	U	K	Z	E	A
S	Y	U	U	K	É	R	T	A	Đ	S	S	O	M	S
T	Ó	R	B	Ó	U	A	O	M	J	H	A	B	X	U
I	M	S	L	G	W	S	A	B	O	S	O	L	W	T
L	W	A	A	U	A	A	Đ	U	O	L	T	Ó	Z	K
K	D	T	Đ	R	X	F	N	S	J	V	C	M	Y	A
U	U	Đ	X	U	G	R	Á	B	U	R	Đ	U	R	K
R	W	J	Þ	Đ	Z	Æ	J	O	M	W	V	K	L	P
P	B	Þ	Þ	Ó	W	Đ	Z	V	A	S	N	A	O	H
Z	R	I	X	R	S	I	M	F	G	F	X	P	T	E
R	D	D	G	G	T	C	W	L	K	H	L	Đ	W	Y
U	W	M	O	W	Q	G	J	Þ	E	R	L	Þ	X	N

BAMBUS
BAUN
BER
GRASAFRÆÐI
BUSH
KAKTUS
ÁBURÐUR
FLORA
BLÓM
SM

SKÓGUR
GARÐUR
GRAS
IVY
MOSS
KRÓNUBLAÐ
RÓT
STILKUR
TRÉ
GRÓÐUR

87 - Boxing

I	V	M	D	R	S	M	L	G	Z	C	E	Z	M	Á
R	E	I	P	I	T	Ó	T	Y	B	Z	J	E	A	V
B	Ú	I	N	N	Y	T	A	L	L	A	J	B	U	E
H	H	Đ	P	Q	R	M	G	R	G	D	T	Z	W	R
F	Đ	Z	J	X	K	Æ	O	U	N	L	U	A	M	K
Ó	H	Ö	K	U	U	L	B	Đ	H	Æ	F	N	I	A
K	H	P	S	O	R	A	N	A	I	S	Y	R	M	R
U	H	N	O	S	M	N	L	M	D	X	O	O	A	L
S	A	F	E	E	Z	D	O	A	R	Ó	C	H	K	J
E	N	B	A	F	G	I	S	G	C	U	M	G	Í	Y
P	S	Q	R	K	I	T	F	A	Z	U	L	A	L	X
S	K	Y	Q	O	T	S	J	D	L	Þ	U	D	R	Đ
W	A	V	N	W	S	P	A	R	K	A	W	N	X	I
F	L	J	Ó	T	U	R	I	A	J	Y	N	S	C	C
C	M	Đ	F	K	G	I	O	B	K	Y	A	A	G	A

BJALLA
LÍKAMI
HÖKU
HORN
OLNBOGA
BÚINN
BARDAGAMAÐUR
HNEFI
FÓKUS
HANSKA
ÁVERKAR
SPARKA
MÓTMÆLANDI
STIG
FLJÓTUR
BATA
DÓMARI
REIPI
HÆFNI
STYRKUR

88 - Countries #2

P	N	R	L	Q	D	Y	C	Đ	D	N	G	M	D	M
B	K	M	D	N	A	L	R	Ý	S	M	R	Đ	N	C
X	Y	O	L	U	N	W	N	A	T	S	I	K	A	P
L	H	T	B	O	M	H	O	K	Q	S	K	N	L	D
X	M	S	V	P	Ö	C	A	M	T	R	K	Í	S	S
J	A	P	A	N	R	A	A	A	O	R	L	G	S	O
W	Í	Q	Q	O	K	L	K	E	T	L	A	E	Ú	N
Ú	L	V	S	H	K	D	Í	I	Þ	E	N	R	R	J
K	A	Í	N	A	B	L	A	B	D	Í	D	Í	A	L
R	M	T	F	G	Z	B	M	C	A	N	Ó	A	Þ	A
A	Ó	Í	L	K	H	C	A	V	K	N	C	P	Z	O
Í	S	A	Þ	Y	C	J	J	V	P	Đ	O	A	Í	S
N	J	H	S	Ú	D	A	N	D	G	A	B	N	X	A
A	N	E	P	A	L	E	C	L	Í	B	E	R	Í	A
Ú	G	A	N	D	A	M	E	X	Í	K	Ó	X	I	Z

ALBANÍA
DANMÖRK
EÞÍÓPÍA
GRIKKLAND
HAÍTÍ
JAMAÍKA
JAPAN
LAOS
LÍBANON
LÍBERÍA
MEXÍKÓ
NEPAL
NÍGERÍA
PAKISTAN
RÚSSLAND
SÓMALÍA
SÚDAN
SÝRLAND
ÚGANDA
ÚKRAÍNA

89 - Adjectives #2

N	A	Q	S	I	K	L	Á	S	T	O	L	T	U	R
Á	F	J	V	F	Á	Ý	H	A	F	R	Æ	G	U	R
T	K	Þ	A	A	B	S	U	H	P	N	A	Ð	Ð	U
T	A	S	N	H	Y	A	G	S	E	K	R	K	T	G
Ú	S	Y	G	E	R	N	A	K	K	I	S	S	N	E
R	T	F	U	I	G	D	V	A	Q	Þ	T	Í	S	L
U	A	J	R	L	U	I	E	P	F	Ð	T	T	T	I
L	M	A	U	B	R	G	R	A	D	E	Ý	A	H	S
E	I	Ð	K	R	C	O	T	N	T	Z	N	M	S	Æ
G	K	U	R	I	C	H	W	D	L	K	M	A	A	L
T	I	R	E	G	Þ	N	O	I	L	T	E	R	L	G
M	L	M	T	Ð	G	U	G	M	I	W	I	D	T	N
T	L	Z	S	U	W	E	R	N	V	W	O	Z	U	D
M	X	V	K	R	C	M	C	R	X	M	A	M	R	X
N	Þ	V	E	A	B	L	T	W	A	A	N	M	J	E

EKTA
SKAPANDI
LÝSANDI
DRAMATÍSK
ÞURR
GLÆSILEGUR
FRÆGUR
HEILBRIGÐUR
HEITT
SVANGUR
ÁHUGAVERT
NÁTTÚRULEGT
NÝTT
AFKASTAMIKILL
STOLTUR
ÁBYRGUR
SALTUR
SYFJAÐUR
STERKUR
VILLT

90 - Psychology

Q	P	W	T	Z	E	V	I	N	U	M	S	T	I	V
H	U	G	S	A	N	I	R	Þ	F	I	R	H	Á	A
Q	A	K	S	M	Y	Q	K	S	Í	N	Í	L	K	X
H	I	K	I	E	L	U	R	E	V	N	G	O	P	M
S	E	Á	Đ	K	E	V	E	G	Ó	I	Þ	R	Q	W
O	M	G	T	Z	I	D	Đ	F	B	N	F	E	P	Þ
B	Z	U	Đ	Ö	R	E	U	Đ	Þ	G	F	Y	T	D
A	L	N	Y	U	K	A	L	Á	M	A	D	N	A	V
R	H	W	O	P	N	U	H	U	H	R	U	S	M	T
N	D	R	A	U	M	A	R	Đ	N	D	I	L	Q	Q
Æ	H	U	G	M	Y	N	D	I	R	Ó	Q	U	C	C
S	O	U	Æ	S	I	F	R	E	G	N	S	W	T	R
K	M	E	Đ	F	E	R	Đ	Y	N	U	B	R	J	G
A	T	I	L	F	I	N	N	I	N	G	A	R	E	F
G	T	S	K	Y	N	J	U	N	Þ	M	S	Z	I	P

MAT
HEGĐUN
BARNÆSKA
KLÍNÍSK
VITSMUNI
ÁTÖK
DRAUMAR
EGÓ
TILFINNINGAR
REYNSLU
HUGMYNDIR
ÁHRIF
MINNINGAR
SKYNJUN
PERSÓNULEIKI
VANDAMÁL
VERULEIKI
ÆSIFREGN
MEĐFERĐ
HUGSANIR

91 - Math

S	F	V	E	L	D	I	S	V	Í	S	I	R	S	Þ
M	A	R	D	J	R	U	G	N	I	N	R	E	F	R
A	T	M	F	M	U	F	R	E	V	H	M	A	S	Í
R	S	A	H	V	G	H	C	T	R	H	Q	Ð	U	H
G	A	R	A	L	N	Þ	M	X	Ú	Ð	G	S	Í	Y
H	K	G	R	Á	I	Z	I	W	M	G	V	E	D	R
Y	U	O	U	M	N	Ð	E	C	F	Ð	H	K	A	N
R	A	L	R	R	R	N	A	D	R	O	D	F	R	I
N	U	A	B	E	Y	S	F	W	Æ	F	J	P	V	N
I	M	Ð	I	V	H	Z	E	G	Ð	W	S	K	W	G
N	M	Í	N	Þ	T	R	D	L	I	E	D	Q	S	U
G	Á	L	D	I	T	S	H	T	Ö	L	U	R	F	R
U	L	Á	I	V	É	T	O	R	B	J	A	Ð	A	R
H	I	J	V	W	R	Z	R	B	N	K	Ð	G	H	U
R	X	H	K	E	X	Ð	N	J	A	F	N	A	G	I

HORN
TÖLUR
UMMÁL
AUKASTAF
ÞVERMÁL
DEILD
JAFNA
VELDISVÍSIR
BROT
RÚMFRÆÐI
SAMHLIÐA
HJÁLÍÐALOGRAM
JAÐAR
MARGHYRNING
RADÍUS
RÉTTHYRNINGUR
FERNINGUR
SAMHVERFU
ÞRÍHYRNINGUR
BINDI

92 - Activities

W	D	G	G	L	N	E	F	A	W	L	Đ	Q	T	D
L	E	I	K	I	R	R	N	R	A	F	I	A	M	O
V	E	I	Đ	I	I	G	K	D	D	Y	U	S	B	V
G	C	B	V	E	I	Đ	A	M	U	A	S	H	T	I
A	J	G	Æ	N	Á	A	K	F	W	R	R	Æ	I	R
L	S	V	F	N	R	J	I	H	A	J	D	F	V	K
D	L	N	U	D	N	Y	M	S	Ó	J	L	N	G	N
U	Þ	I	A	O	B	X	A	N	S	M	V	I	D	I
R	I	P	Þ	D	V	G	R	R	L	L	U	G	S	V
Ú	I	H	A	N	D	V	E	R	K	I	Ö	Đ	V	K
T	S	I	M	Í	T	Đ	K	Y	U	Đ	C	K	V	D
J	G	Ö	N	G	U	F	E	R	Đ	I	R	R	U	R
Æ	Á	H	U	G	A	M	Á	L	I	O	Z	L	X	N
Đ	O	P	I	Y	W	W	L	E	S	T	U	R	H	I
A	J	K	R	Y	Đ	R	A	G	F	E	B	U	C	L

VIRKNI
LIST
ÚTJÆÐA
KERAMIK
HANDVERK
DANSA
VEIÐI
LEIKIR
GARÐYRKJA
GÖNGUFERÐIR
VEIÐA
ÁHUGAMÁL
TÍMIST
GALDUR
LJÓSMYNDUN
ÁNÆGJA
LESTUR
SLÖKUN
SAUMA
HÆFNI

93 - Business

P	I	T	P	I	K	S	Ð	I	V	L	B	T	H	F
Z	K	G	R	U	J	K	E	T	V	N	Q	S	N	X
S	W	A	H	P	R	A	G	N	I	N	E	P	C	W
R	Ö	I	D	N	A	T	I	E	V	U	N	N	I	V
F	D	L	X	N	Z	T	H	A	G	F	R	Æ	Ð	I
L	O	K	U	A	M	A	F	Z	A	Þ	U	J	Ú	G
Þ	I	Z	K	P	F	R	I	J	P	X	J	Y	B	N
F	Y	R	I	R	T	Æ	K	I	Á	O	Ð	F	U	I
S	X	N	E	S	E	H	K	A	U	R	I	X	A	N
S	T	A	R	F	S	M	A	Ð	U	R	M	E	Ð	R
G	N	I	T	S	E	F	R	Á	J	F	S	Á	P	A
N	Y	A	F	S	L	Á	T	T	U	R	K	Z	L	V
Ð	M	K	O	S	T	N	A	Ð	U	R	R	F	T	Y
H	A	G	N	A	Ð	U	R	B	Q	R	E	W	N	P
S	K	R	I	F	S	T	O	F	A	V	V	O	J	Ð

FERIL
FYRIRTÆKI
KOSTNAÐUR
MYNT
AFSLÁTTUR
HAGFRÆÐI
STARFSMAÐUR
VINNUVEITANDI
VERKSMIÐJU
FJÁRMÁL
TEKJUR
FJÁRFESTING
VARNINGI
PENINGAR
SKRIFSTOFA
HAGNAÐUR
SÖLU
BÚÐ
SKATTAR
VIÐSKIPTI

94 - The Company

Þ	R	Ó	U	N	K	Þ	U	K	P	K	P	Y	I	Z
I	D	P	M	R	U	Ð	A	N	Ð	I	A	Y	L	A
U	C	R	L	X	Ö	O	M	O	S	F	Ð	Þ	J	G
Y	K	G	A	R	Y	V	G	I	F	X	W	Æ	M	F
B	I	Z	F	J	Á	R	F	E	S	T	I	N	G	A
A	U	Ð	L	I	N	D	I	R	T	P	A	A	F	G
V	Á	K	V	Ö	R	Ð	U	N	J	K	N	L	R	L
S	I	F	D	E	I	N	I	N	G	A	R	Þ	A	E
K	A	Ð	J	U	C	O	Þ	C	U	I	C	J	M	G
A	T	O	S	H	D	Á	H	Æ	T	T	A	Ó	F	U
P	V	A	A	K	I	E	L	U	G	Ö	M	Ð	A	R
A	I	K	G	N	I	N	N	Y	K	R	J	L	R	V
N	N	Z	Ð	R	O	P	S	Ð	R	O	Z	E	I	V
D	N	R	U	J	K	E	T	K	K	R	Þ	G	R	H
I	A	N	Ý	J	A	R	U	I	O	E	S	T	K	M

VIÐSKIPTI
SKAPANDI
ÁKVÖRÐUN
ATVINNA
ALÞJÓÐLEGT
IÐNAÐUR
NÝJAR
FJÁRFESTING
MÖGULEIKA
KYNNING
VÖRU
FAGLEGUR
FRAMFARIR
GÆÐI
ORÐSPOR
AUÐLINDIR
TEKJUR
ÁHÆTTA
ÞRÓUN
EININGAR

95 - Literature

Q	I	E	R	R	Y	O	N	Þ	M	B	C	Ð	A	Þ
X	L	J	Í	L	A	Z	L	O	E	Z	U	P	W	U
J	Y	W	M	X	S	T	Z	J	N	M	O	Ð	V	Þ
U	M	R	Æ	Ð	U	S	E	P	Ó	V	A	C	V	L
M	Y	N	D	L	Í	K	I	N	G	Ð	E	G	L	Í
Æ	V	I	S	A	G	A	J	D	D	Ð	R	J	D	K
S	K	Á	L	D	S	K	A	P	U	R	P	Æ	G	I
L	J	Ó	Ð	S	K	Á	L	D	S	A	G	A	N	N
S	A	M	A	N	B	U	R	Ð	U	R	N	X	I	G
N	I	Ð	U	R	S	T	A	Ð	A	K	I	I	S	A
A	E	H	S	T	A	K	T	U	R	E	N	J	Ý	R
H	Ö	F	U	N	D	U	R	T	L	Ð	I	P	L	Ð
H	A	R	M	L	E	I	K	U	R	K	E	Q	Í	Y
L	S	V	Z	Ð	O	K	Y	N	H	H	R	O	T	N
P	Y	I	L	N	R	U	Ð	A	M	U	G	Ö	S	V

LÍKINGAR
GREINING
E.
HÖFUNDUR
ÆVISAGA
SAMANBURÐUR
NIÐURSTAÐA
LÝSING
UMRÆÐU
SKÁLDSKAPUR

MYNDLÍKING
SÖGUMAÐUR
SKÁLDSAGA
LJÓÐ
LJÓÐRÆN
RÍM
TAKTUR
STÍL
ÞEMA
HARMLEIKUR

96 - Geography

F	J	A	L	L	J	Á	L	F	U	N	N	I	Q	O
P	I	Ð	Æ	V	S	A	Ð	Á	R	R	I	F	Y	S
T	Z	G	S	B	A	N	R	F	H	B	H	Þ	K	V
T	M	O	K	O	L	T	D	Ð	Æ	H	E	H	G	Æ
K	O	R	T	R	T	R	B	D	A	P	I	L	N	Ð
A	X	S	Q	G	A	T	Y	S	Z	R	M	Ð	F	I
L	A	B	M	O	Ð	A	U	H	W	L	U	Þ	G	Y
X	U	Y	E	S	U	Ð	U	R	A	L	R	X	I	J
S	S	M	N	A	N	S	G	N	F	F	T	R	K	Y
Q	F	I	Þ	O	D	D	N	A	L	O	B	Z	H	B
J	F	Ð	U	J	R	D	N	A	I	D	I	R	E	M
N	O	R	Ð	U	R	I	Ó	J	S	W	N	J	H	V
O	H	R	U	T	S	E	V	Y	T	S	K	O	R	O
C	G	D	S	J	Þ	R	W	E	Ð	B	V	Y	D	Þ
S	W	H	R	L	J	B	W	Q	R	P	V	C	P	G

HÆÐ
ATLAS
BORG
ÁLFUNNI
LAND
JARÐAR
EYJA
BREIDD
KORT
MERIDIAN
FJALL
NORÐUR
HAF
SVÆÐI
RIVER
SJÓ
SUÐUR
YFIRRÁÐASVÆÐI
VESTUR
HEIMUR

97 - Jazz

Á	H	E	R	S	L	A	U	L	Ð	S	S	T	H	U
W	Þ	Y	U	T	Ö	L	P	H	C	P	A	Æ	I	U
B	X	D	T	T	Ý	N	A	C	K	U	M	K	K	M
O	L	J	K	F	L	U	W	M	I	N	S	N	I	R
Y	N	I	A	Q	I	I	S	Þ	A	I	E	I	E	A
W	D	M	T	I	X	W	P	J	F	G	T	G	L	K
T	Ó	N	S	K	Á	L	D	T	Ð	C	N	I	I	I
S	T	Í	L	W	D	I	T	Æ	L	R	I	T	F	E
T	R	O	M	M	U	R	W	F	P	T	N	I	Æ	L
L	E	R	C	A	M	I	B	P	R	F	G	M	H	N
L	I	S	T	A	M	A	Ð	U	R	Æ	O	N	I	Ó
H	L	J	Ó	M	S	V	E	I	T	Q	G	A	L	T
V	L	I	G	X	O	V	V	Z	D	F	N	U	L	J
Y	W	E	C	H	T	Ó	N	L	I	S	T	J	R	Y
L	Ó	F	A	K	L	A	P	P	E	S	Þ	D	Q	Q

PLÖTU
LÓFAKLAPP
LISTAMAÐUR
TÓNSKÁLD
SAMSETNING
TÓNLEIKAR
TROMMUR
ÁHERSLA
FRÆGUR
EFTIRLÆTI
SPUNI
TÓNLIST
NÝTT
GAMALL
HLJÓMSVEIT
TAKTUR
LAG
STÍL
HÆFILEIKI
TÆKNI

98 - Nature

T	A	O	F	U	P	S	U	K	E	T	S	Y	L	N
R	R	V	Y	E	T	M	V	R	S	M	K	I	V	K
O	K	B	B	J	G	Y	A	Ö	H	E	Ý	X	J	Z
P	T	F	J	Ö	E	U	C	M	E	W	R	A	G	J
I	Í	P	N	K	L	N	R	I	L	S	U	E	J	S
C	S	Q	Y	U	F	M	E	Ð	G	K	G	T	N	H
A	K	O	Þ	L	Í	T	V	Y	I	Ó	U	R	U	E
L	U	W	Y	L	L	M	I	E	D	G	L	X	J	A
C	R	Þ	H	N	E	N	R	D	Ó	U	F	U	O	G
K	L	E	T	T	A	R	B	B	M	R	Ý	O	E	B
F	R	I	Ð	S	Æ	L	T	Z	U	Q	B	M	R	Z
B	R	D	Ý	R	K	O	M	Y	R	V	I	L	L	T
N	K	Þ	Y	I	R	C	V	Þ	Z	P	L	A	Z	X
R	V	Ð	O	O	H	F	X	E	F	I	J	M	I	K
T	R	E	O	Z	T	H	X	Y	Þ	P	B	V	E	R

DÝR
ARKTÍSKUR
FEGURÐ
BÝFLUGUR
KLETTAR
SKÝ
EYÐIMÖRK
KVIK
ROF
ÞOKA
SM
SKÓGUR
JÖKULL
FRIÐSÆLT
RIVER
HELGIDÓMUR
SERENE
TROPICAL
LÍFLEGT
VILLT

99 - Vacation #2

F	F	J	A	R	A	T	N	K	E	O	K	F	Þ	Đ
L	F	J	U	U	Đ	H	D	I	X	A	T	B	B	Z
U	N	R	Z	W	W	Ó	F	E	R	Đ	E	Y	C	A
G	C	F	Í	G	U	T	K	S	I	Æ	K	V	F	G
V	T	J	A	L	D	E	S	Q	D	J	L	O	É	C
Ö	U	Þ	N	N	B	L	V	C	N	T	E	R	R	Q
L	W	E	Y	J	A	Y	L	D	Y	Ú	S	L	B	T
L	Y	V	M	Y	L	L	C	Ö	M	Y	T	J	A	S
U	E	R	L	E	N	D	U	M	J	I	Q	D	G	I
R	S	A	M	G	Ö	N	G	U	R	F	K	K	E	M
Á	F	A	N	G	A	S	T	A	Đ	U	R	N	V	Í
Ú	T	L	E	N	D	I	N	G	U	R	Þ	Y	I	T
O	L	Q	K	J	V	X	T	Q	S	J	Ó	D	L	Z
E	A	J	V	I	K	R	D	I	Z	I	Đ	H	F	J
P	U	Q	Þ	E	A	C	O	Q	U	D	B	M	B	E

FLUGVÖLLUR
FJARA
ÚTJÆÐA
ÁFANGASTAÐUR
ERLENDUM
ÚTLENDINGUR
FRÍ
HÓTEL
EYJA
FERÐ
TÍMIST
KORT
FJÖLL
VEGABRÉF
MYNDIR
SJÓ
TAXI
TJALD
LEST
SAMGÖNGUR

100 - Electricity

M	E	S	M	T	E	K	M	N	A	Y	R	X	J	R
H	L	D	W	S	A	A	A	A	L	X	A	E	W	A
W	Q	Þ	V	E	V	B	G	A	I	U	F	N	Y	F
U	F	Þ	Y	L	T	E	N	H	F	Y	H	I	K	V
J	F	Ð	X	I	T	L	W	I	T	U	L	H	X	I
E	J	J	R	A	F	A	L	L	C	B	A	D	P	R
H	G	Á	I	G	L	S	U	N	Í	M	Ð	F	E	K
N	Z	K	S	N	L	S	J	K	Z	L	A	J	R	I
R	O	V	Y	U	U	N	M	Ó	L	C	O	J	U	M
C	B	Æ	E	T	G	G	C	Y	N	A	X	Ð	A	Í
V	O	T	L	S	E	A	P	Ð	E	V	M	D	T	S
Í	A	T	X	N	S	M	E	T	Ð	G	A	P	Q	P
R	C	T	E	N	I	F	C	J	F	D	I	R	I	Y
V	G	D	W	I	J	A	Z	R	I	D	H	Y	P	S
F	P	Ð	T	Z	P	R	U	Ð	A	N	Ú	B	A	F

RAFHLAÐA
PERU
KABEL
RAFMAGNS
RAFVIRKI
BÚNAÐUR
RAFALL
LAMPI
LEYSIR
SEGULL
MÍNUS
NET
HLUTI
JÁKVÆTT
MAGN
INNSTUNGA
GEYMSLA
SÍMI
SJÓNVARP
VÍR

1 - Antiques

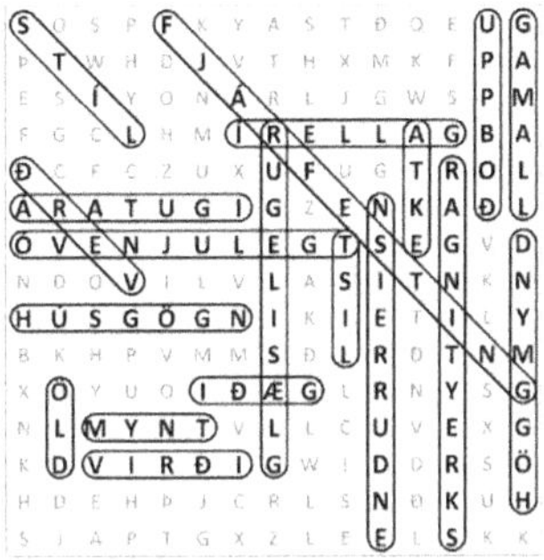

2 - Food #1

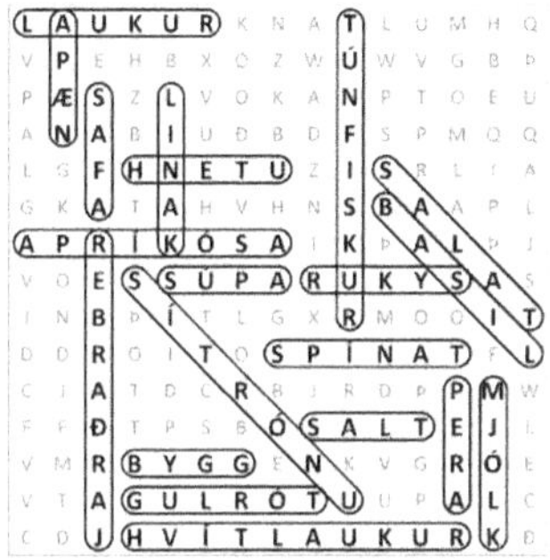

3 - Measurements

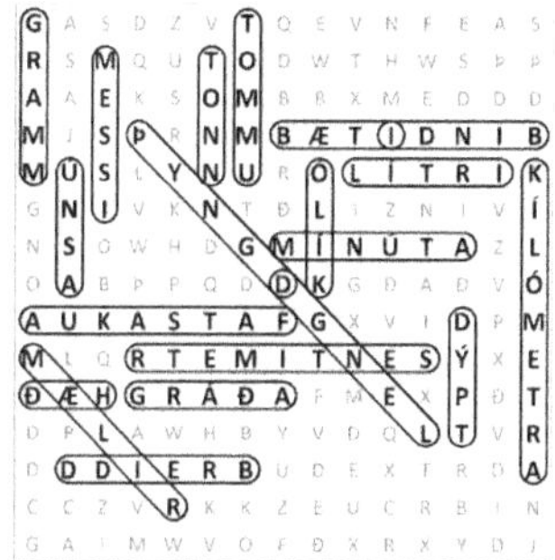

4 - Farm #2

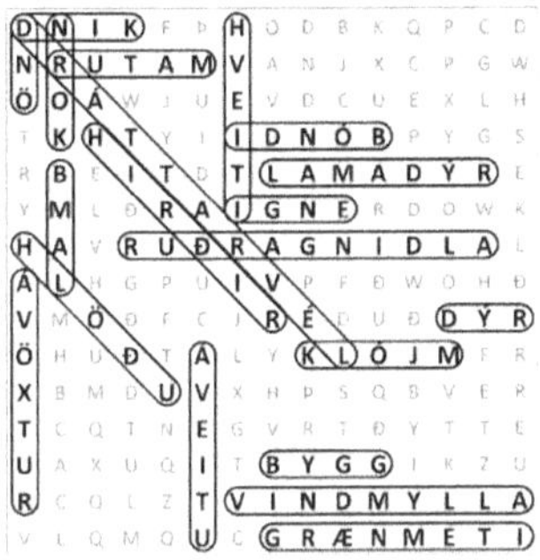

5 - Books

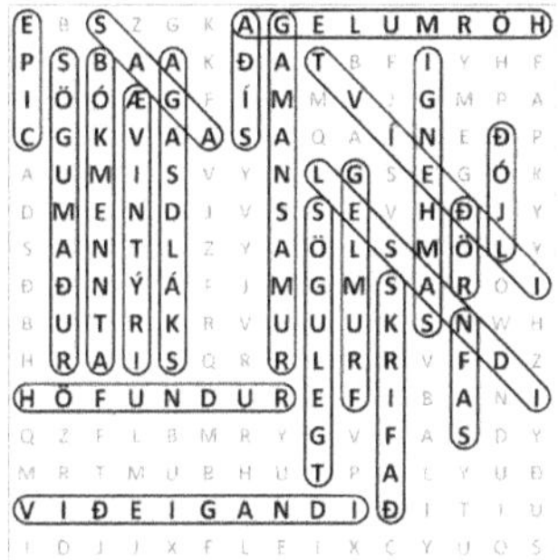

6 - Meditation

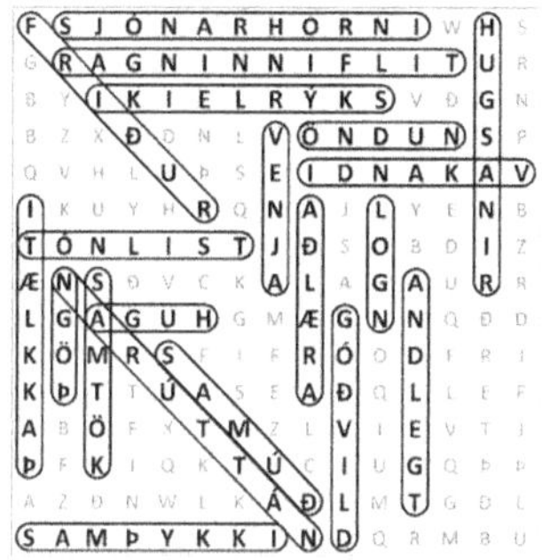

7 - Days and Months

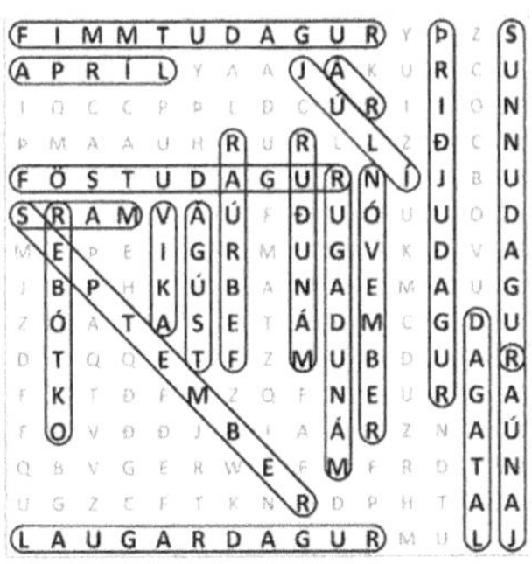

8 - Energy

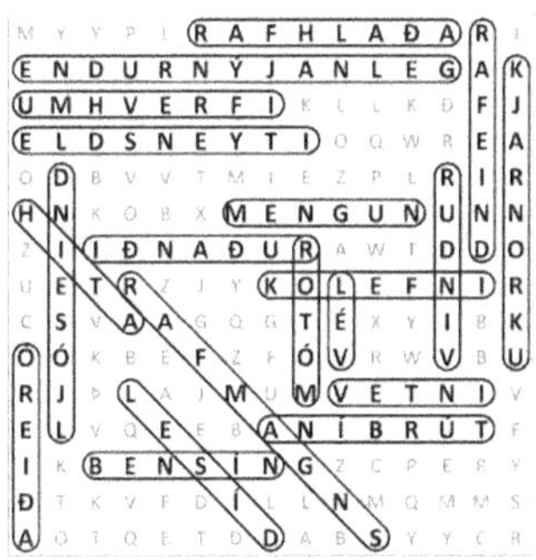

9 - Chess

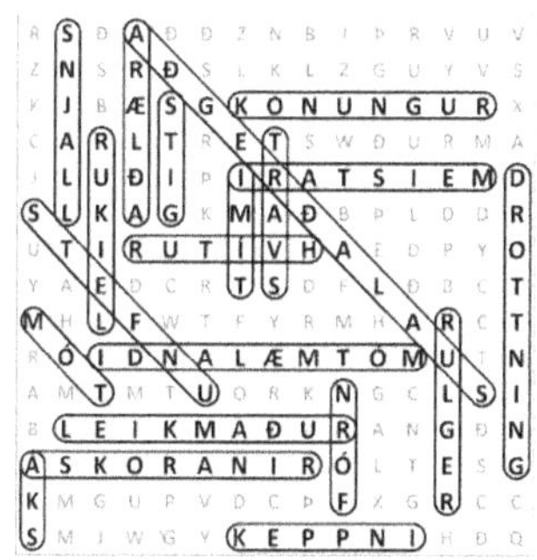

10 - Archeology

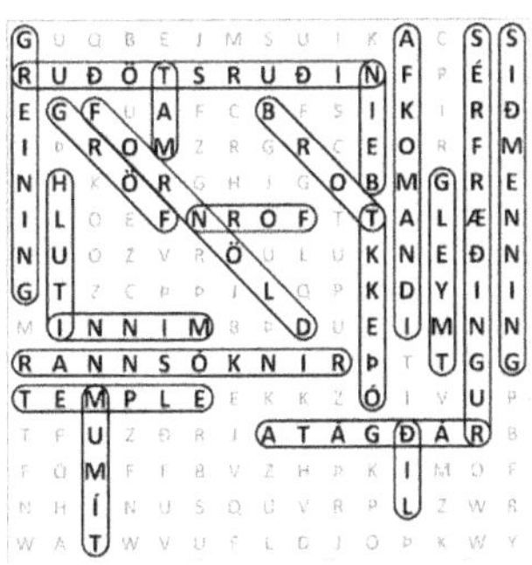

11 - Food #2

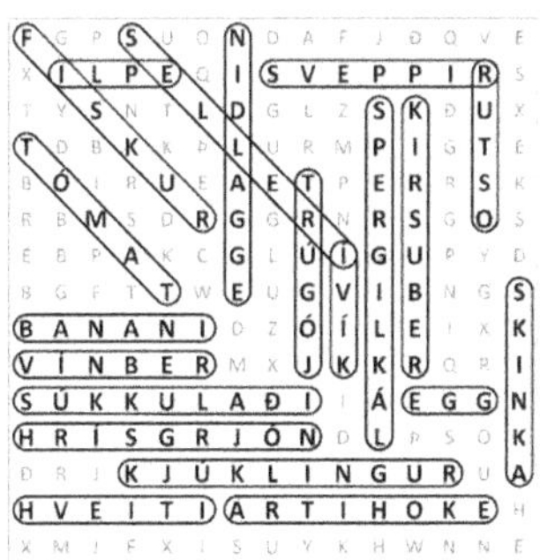

12 - Chemistry

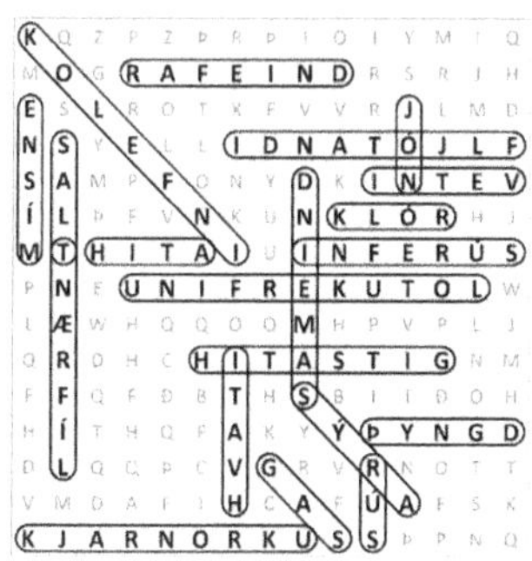

13 - Family

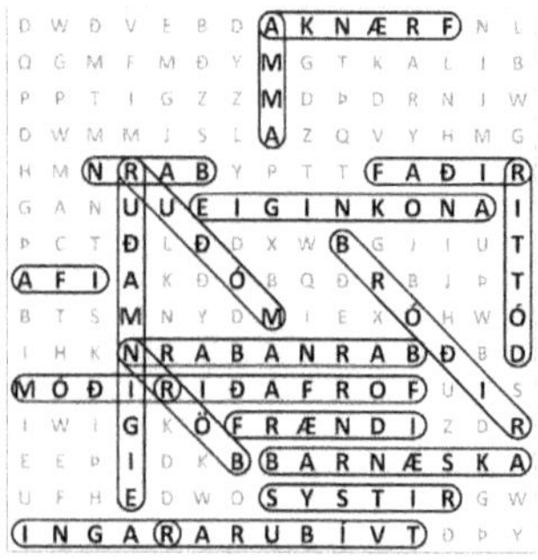

14 - Farm #1

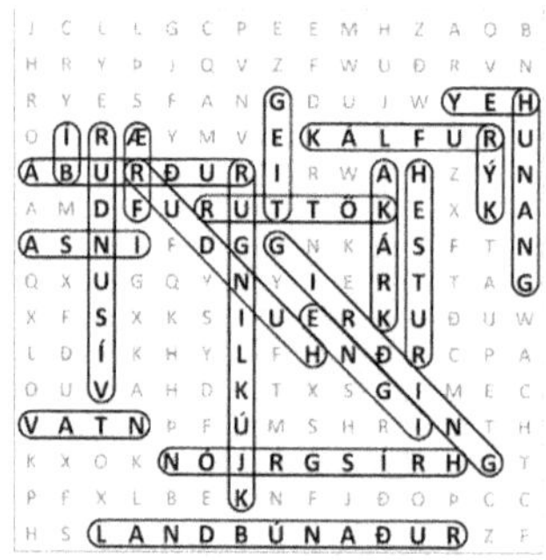

15 - Camping

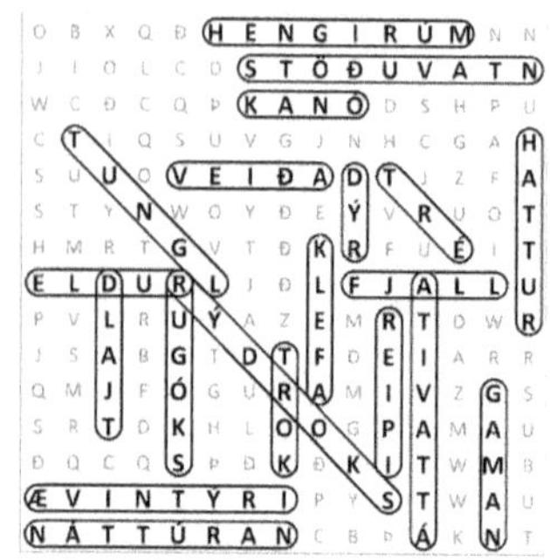

16 - Algebra

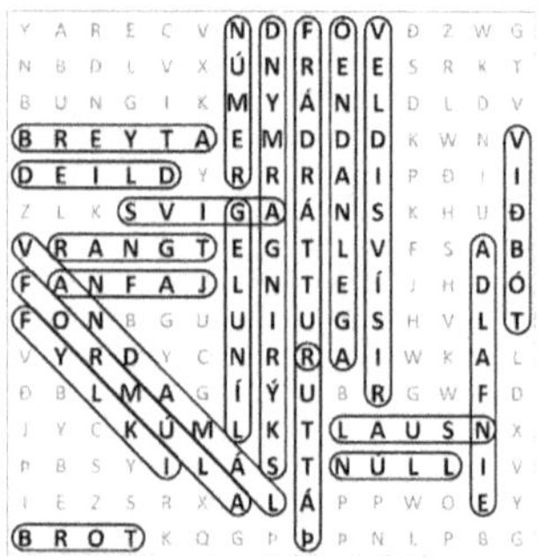

17 - Numbers

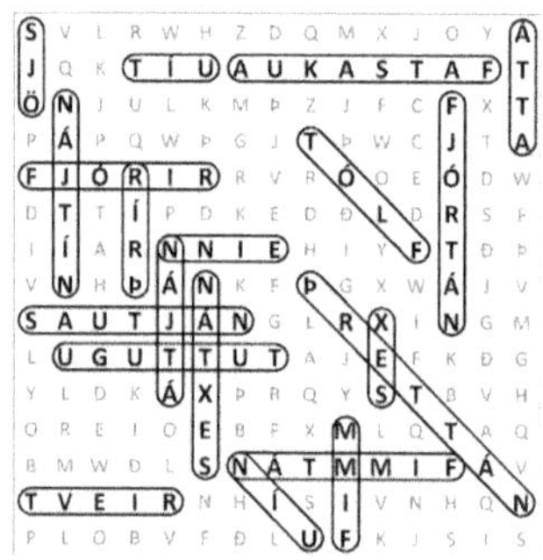

18 - Spices

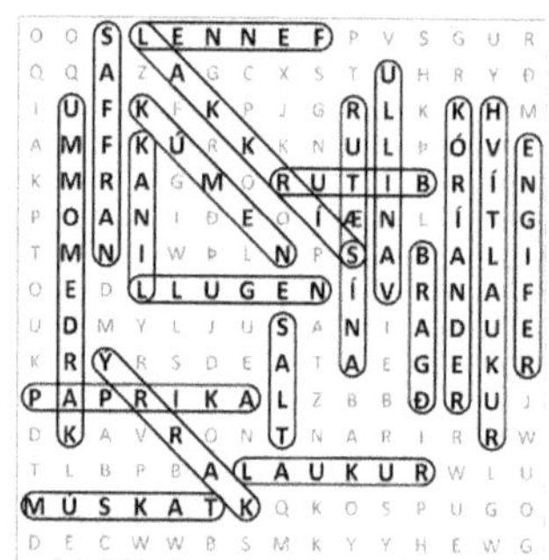

19 - Universe

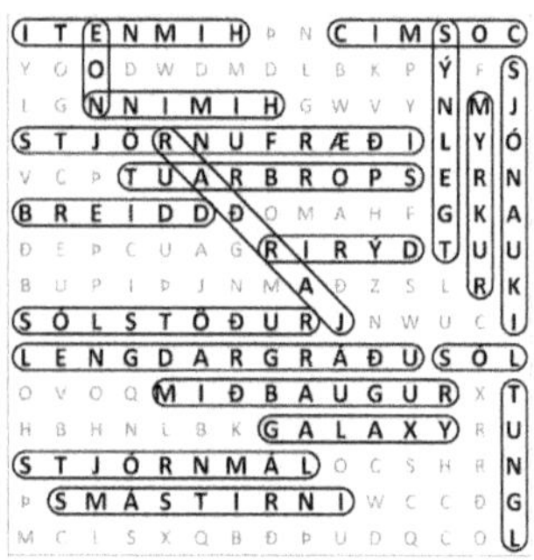

20 - Mammals

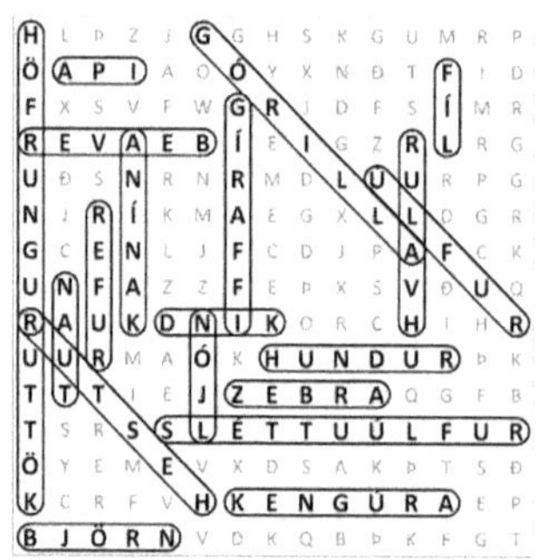

21 - Fishing

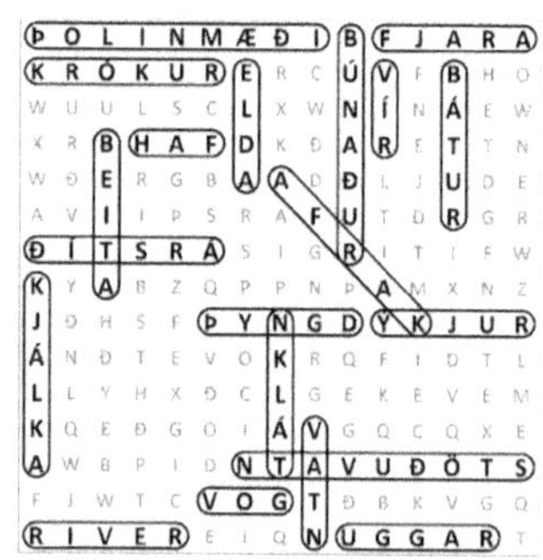

22 - Bees

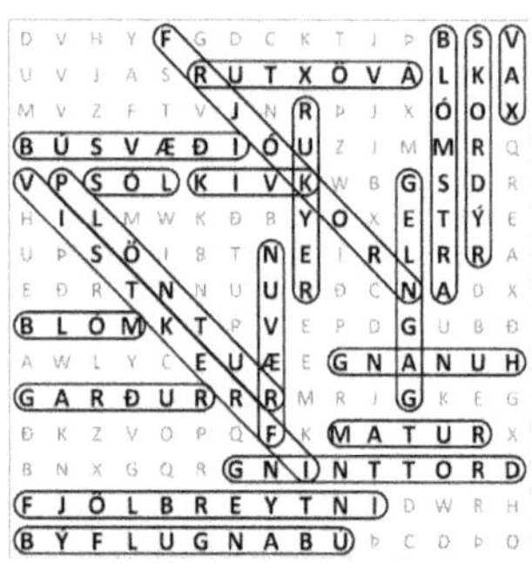

23 - Photography

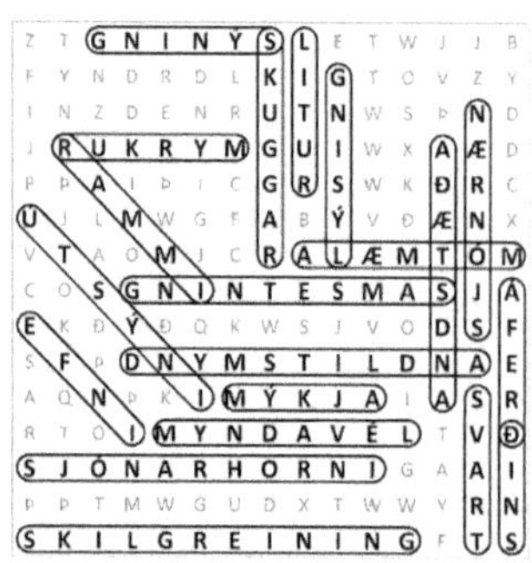

24 - Adventure

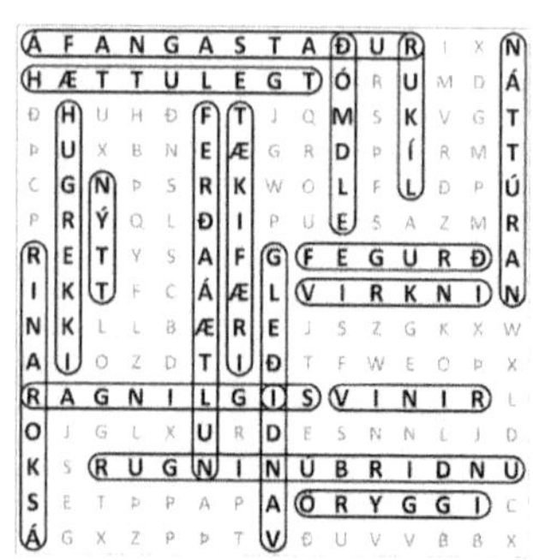

25 - Sport

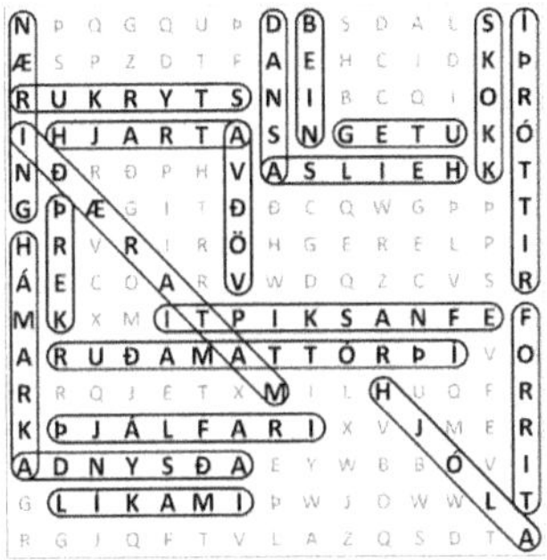

26 - Restaurant #2

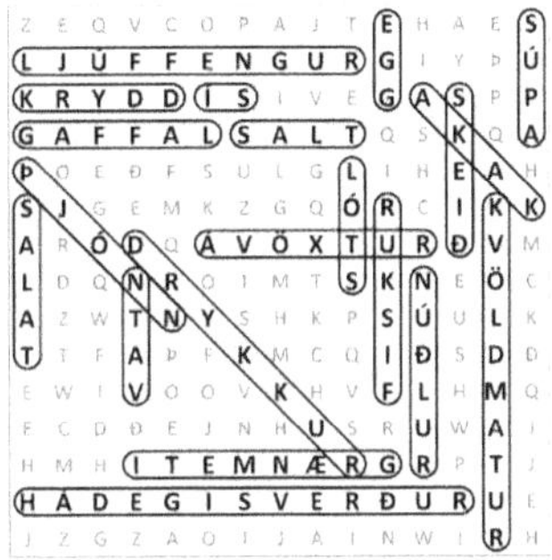

27 - Geology

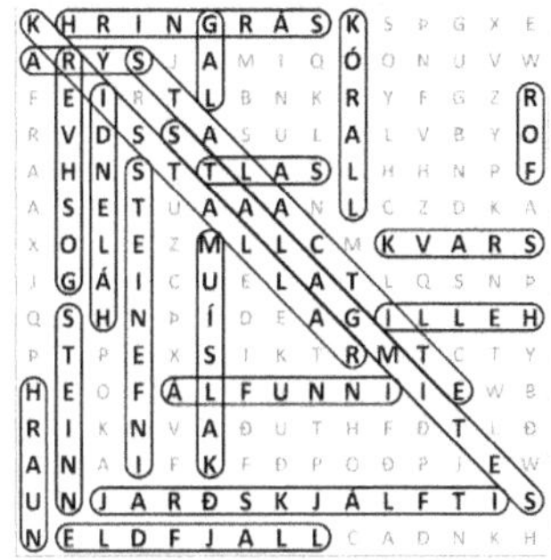

28 - House

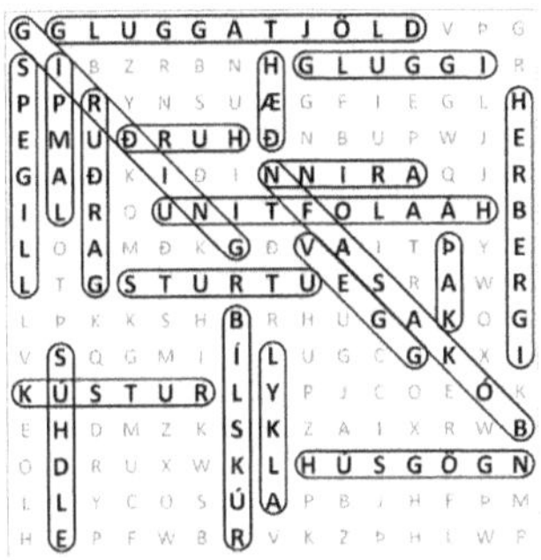

29 - Physics

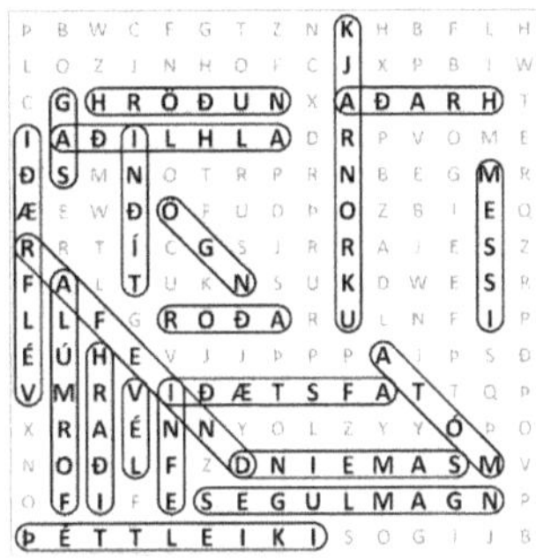

30 - Coffee

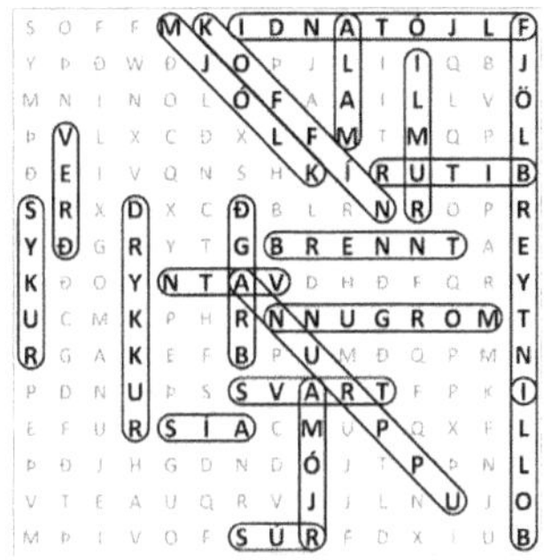

31 - Shapes

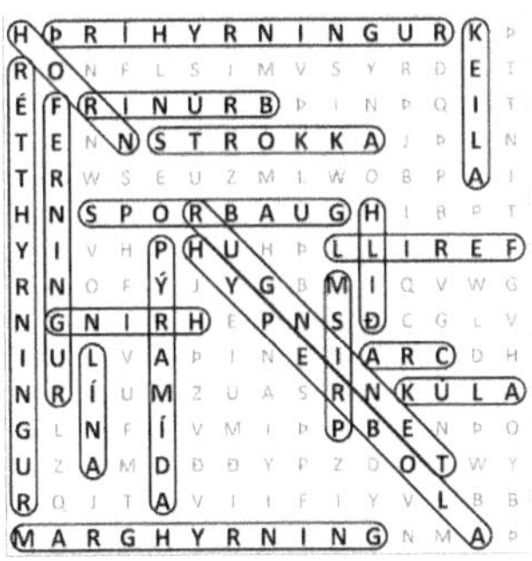

32 - Scientific Disciplines

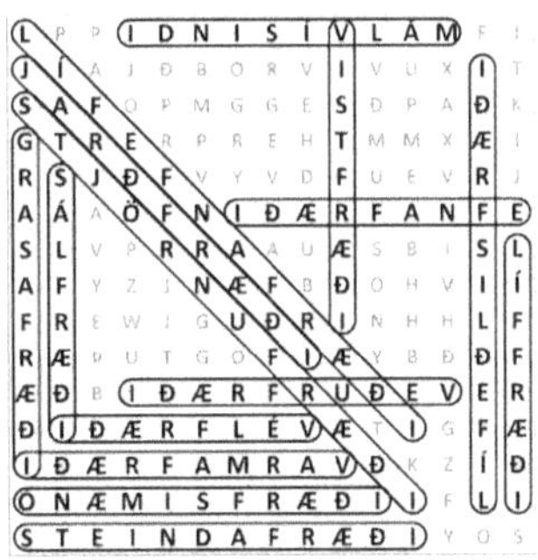

33 - Beauty

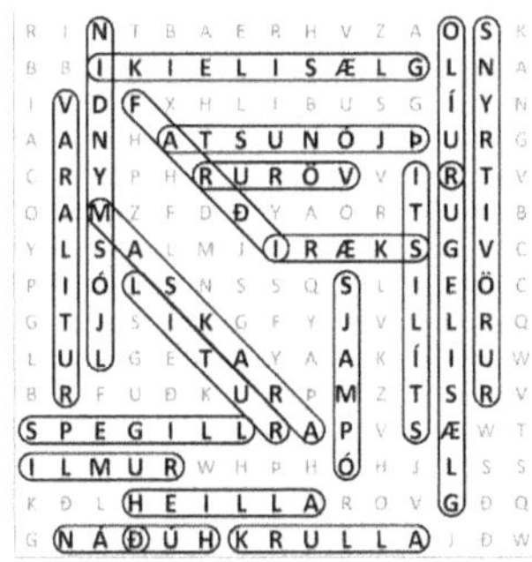

34 - Clothes

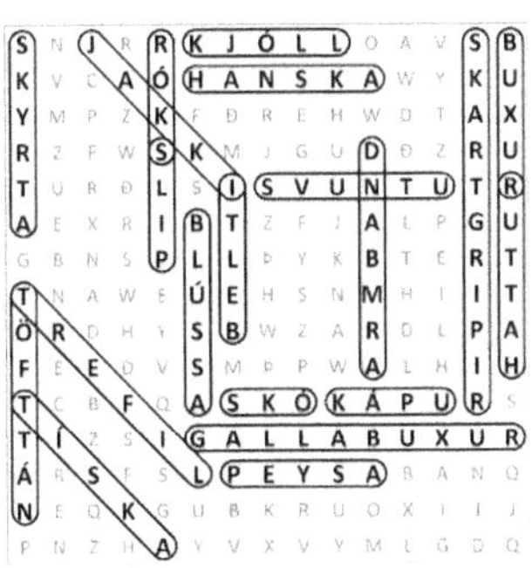

35 - Insects

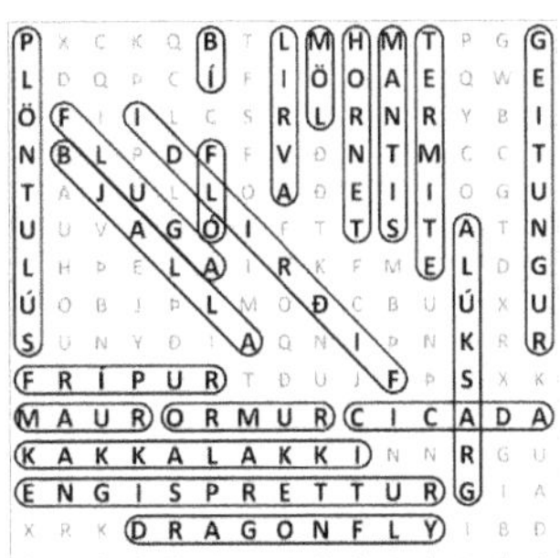

36 - Astronomy

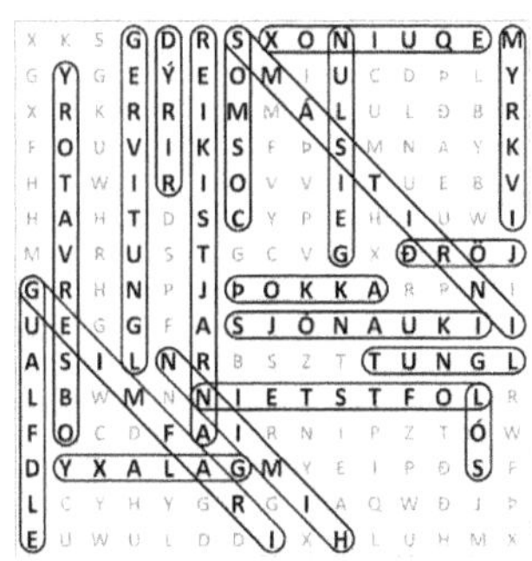

37 - Health and Wellness #2

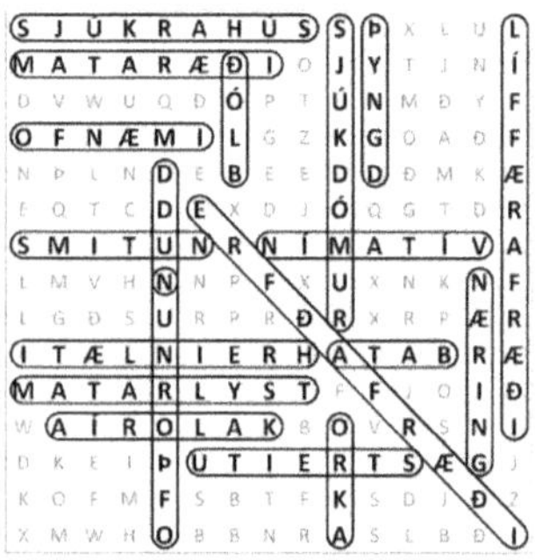

38 - Disease

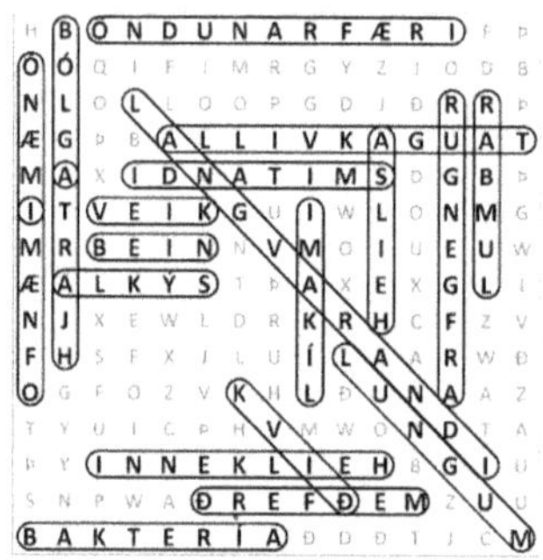

39 - Time

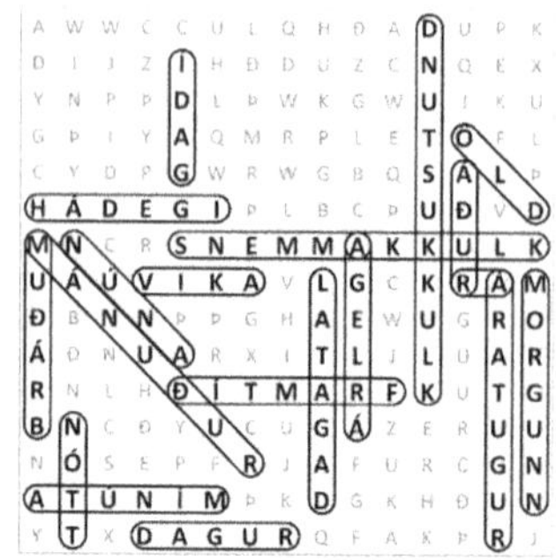

40 - Buildings

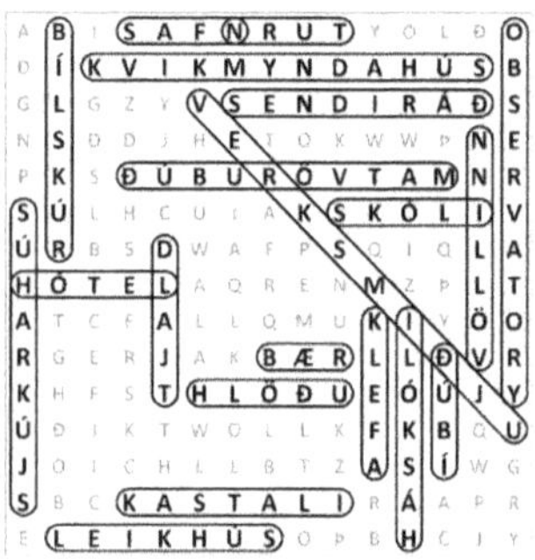

41 - Philanthropy

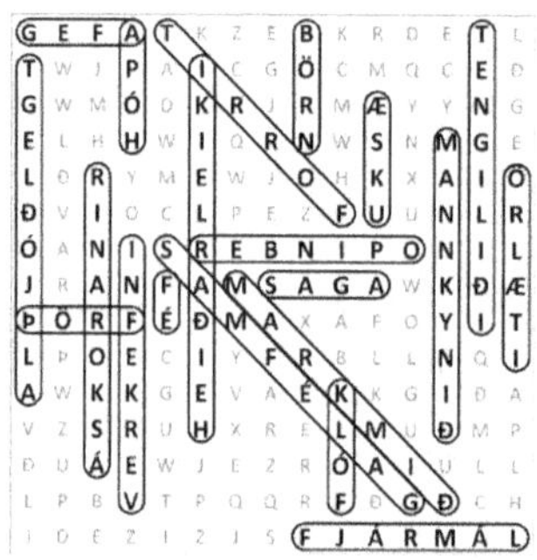

42 - Gardening

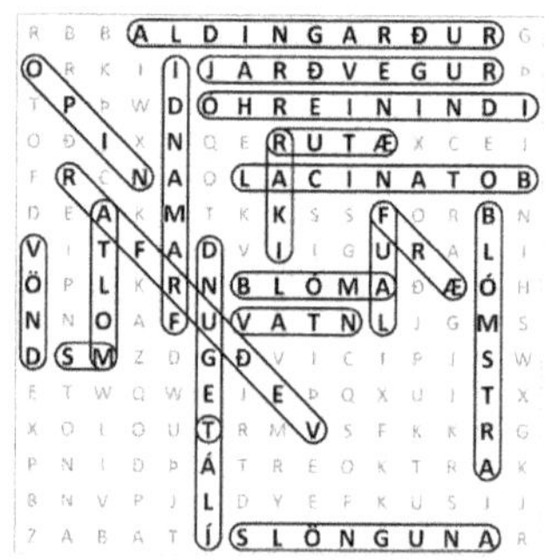

43 - Herbalism

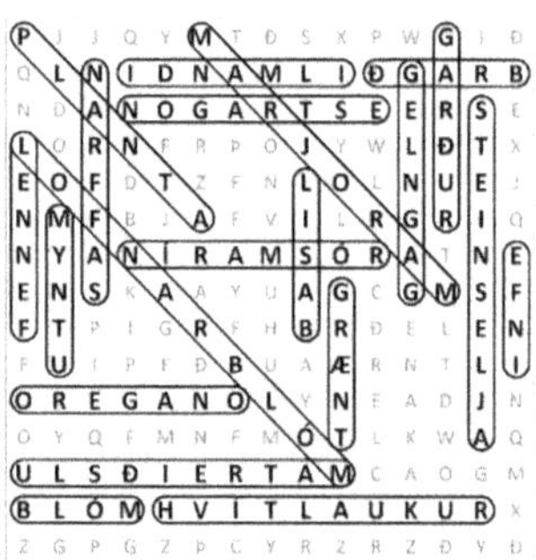

44 - Flowers

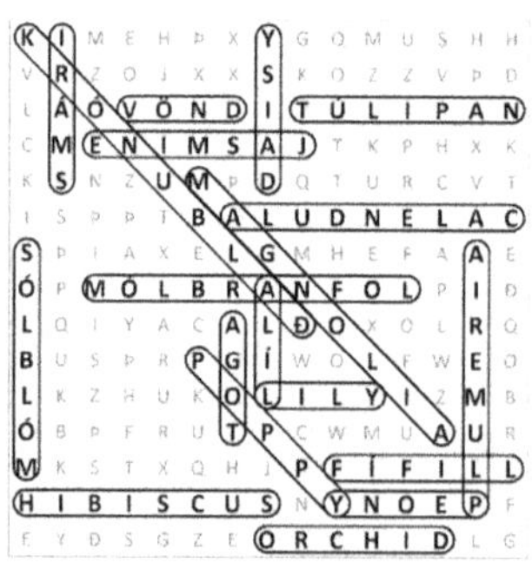

45 - Health and Wellness #1

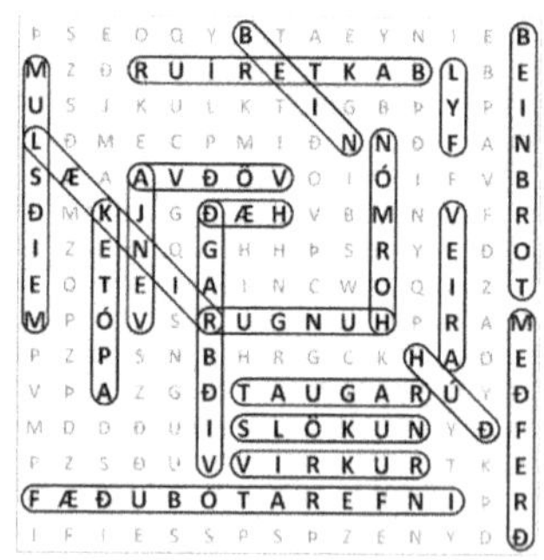

46 - Town

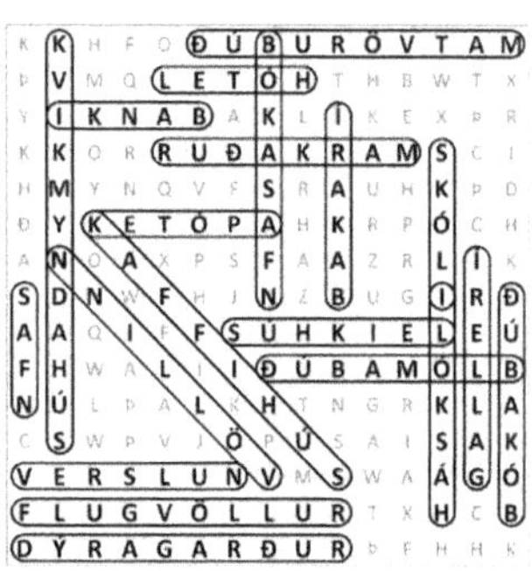

47 - Antarctica

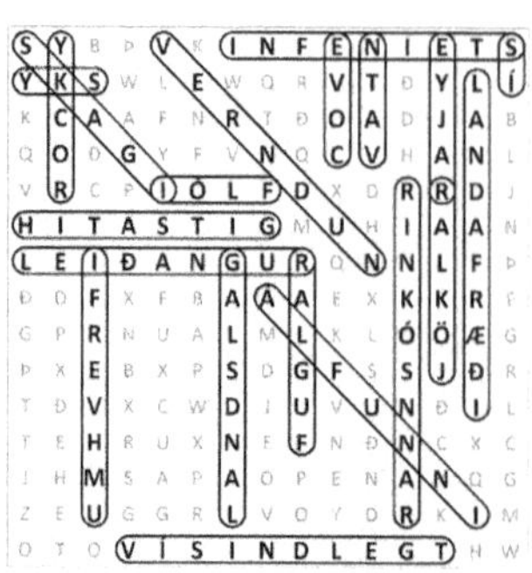

48 - Ballet

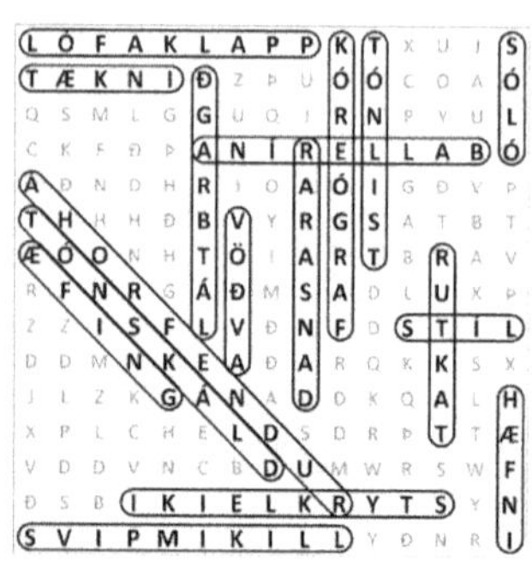

49 - Fashion

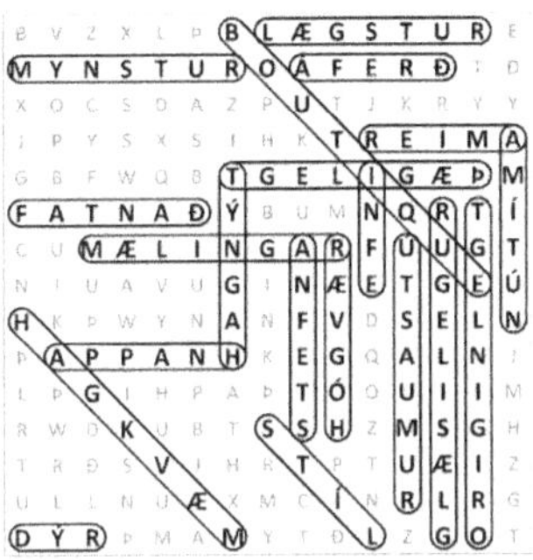

50 - Human Body

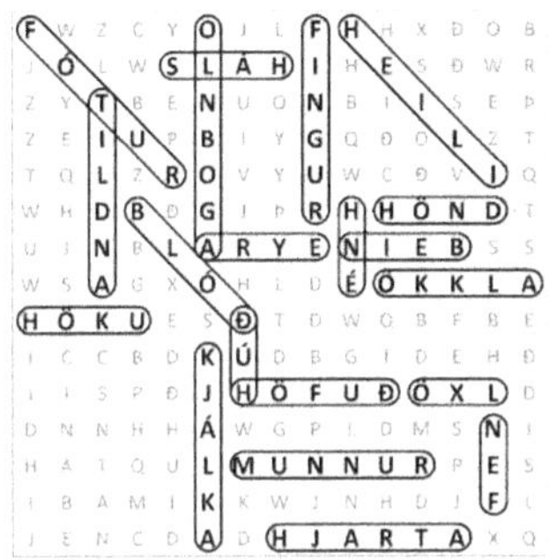

51 - Musical Instruments

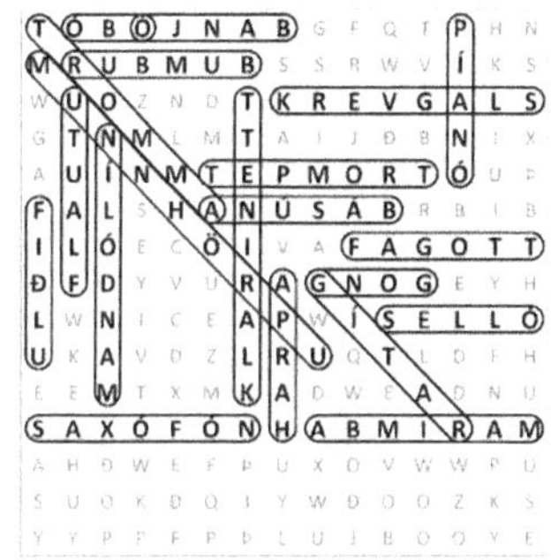

52 - Fruit

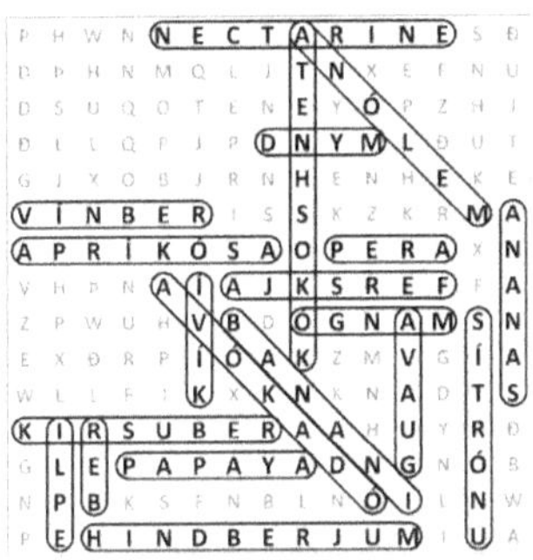

53 - Engineering

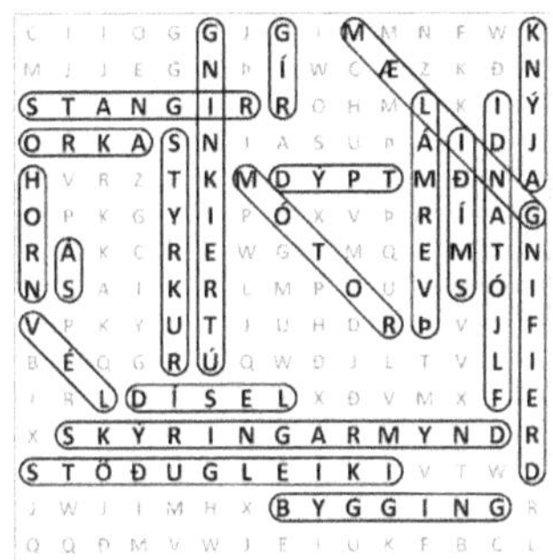

54 - Kitchen

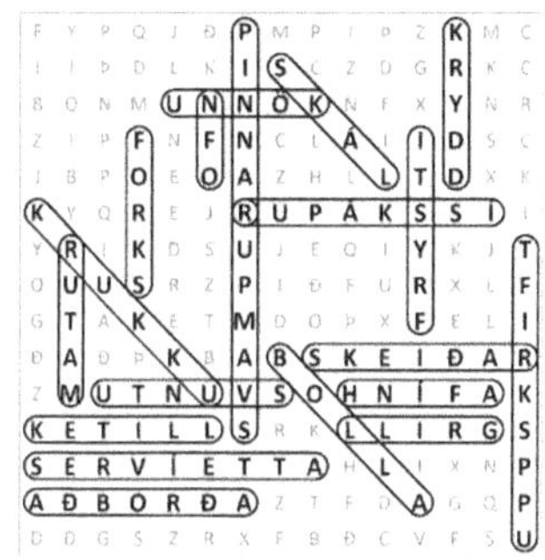

55 - Government

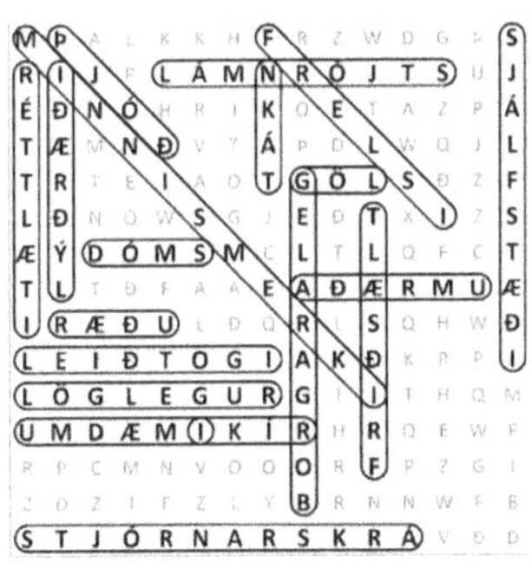

56 - Art Supplies

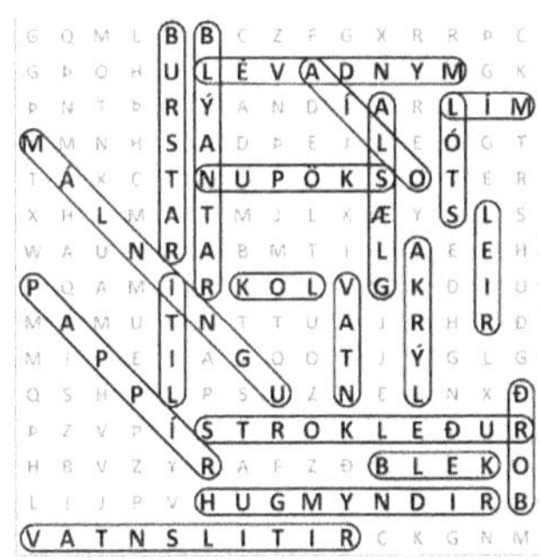

57 - Science Fiction

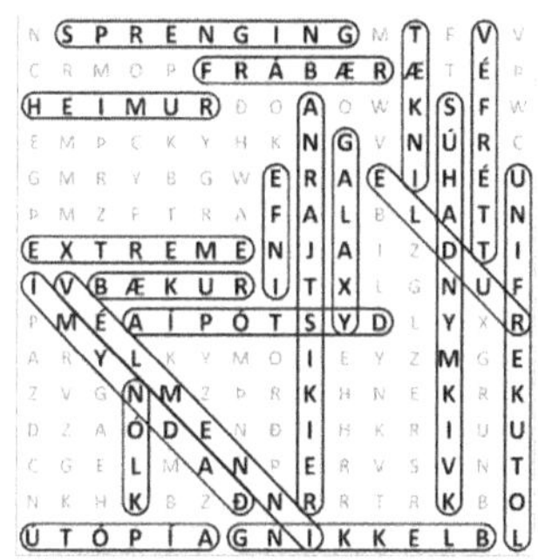

58 - Geometry

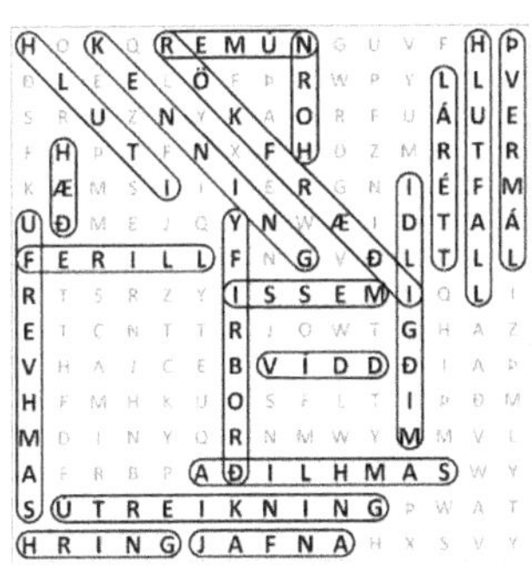

59 - Airplanes

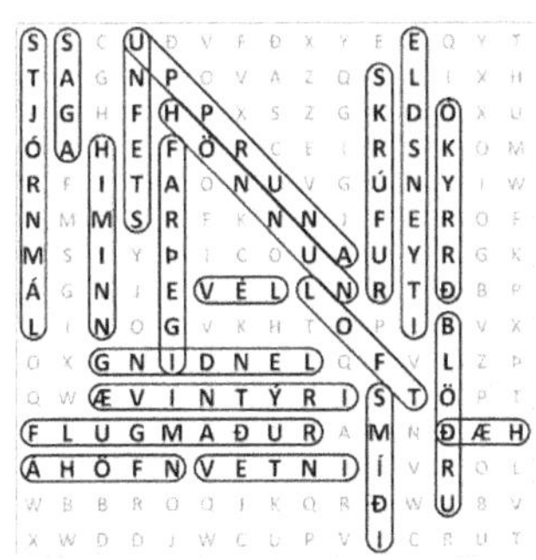

60 - Ocean

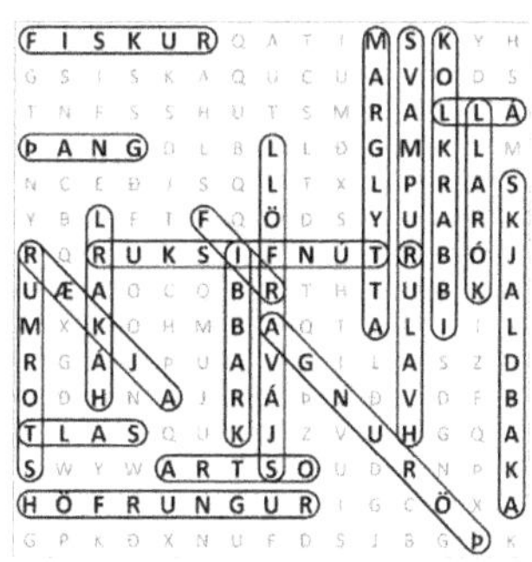

61 - Force and Gravity

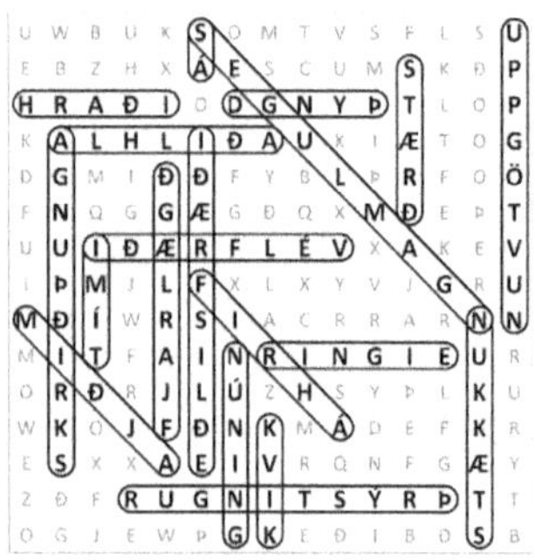

62 - Birds

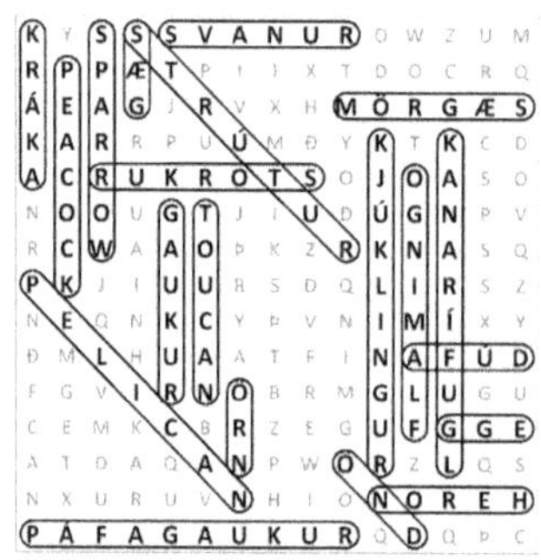

63 - Nutrition

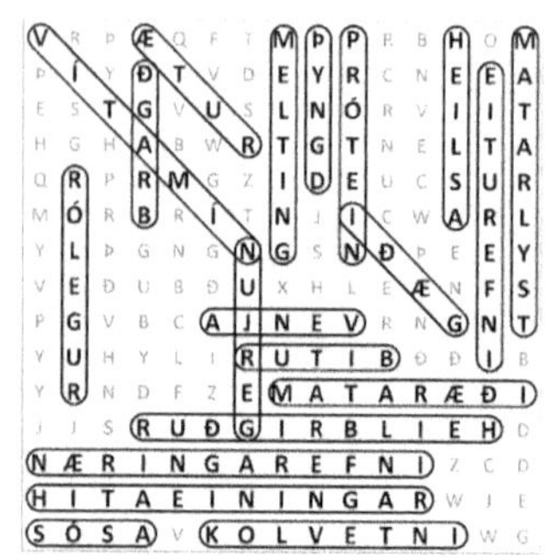

64 - Hiking

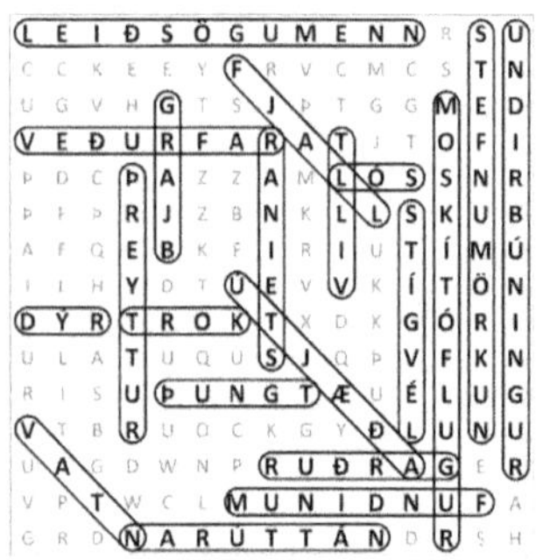

65 - Professions #1

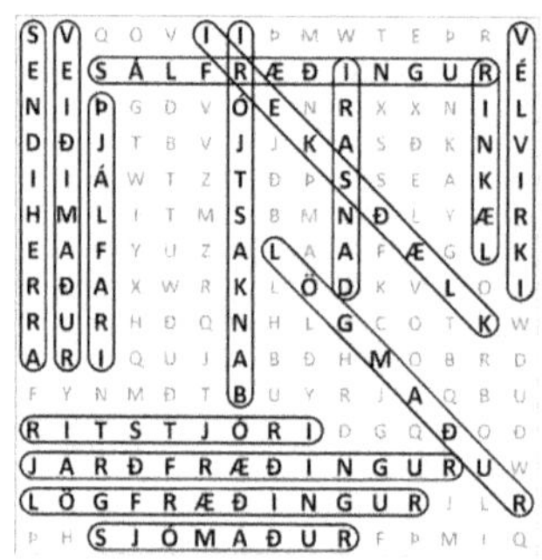

66 - Barbecues

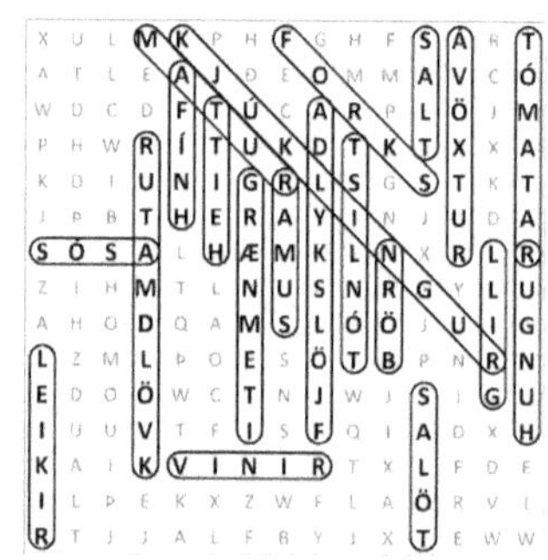

67 - Chocolate

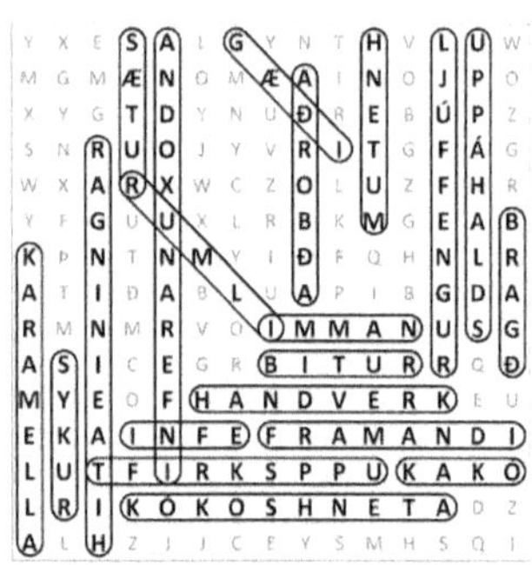

68 - Vegetables

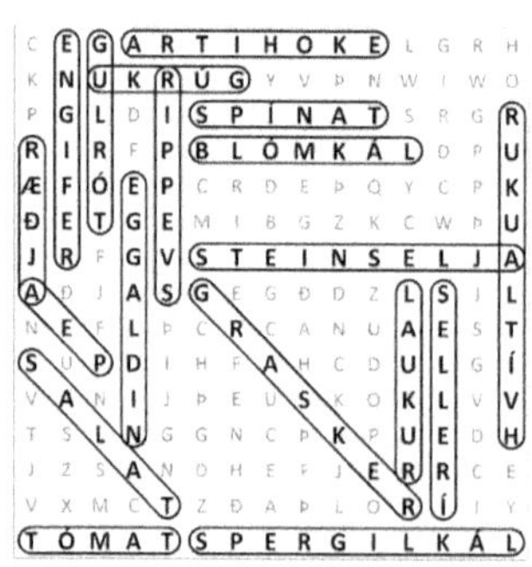

69 - The Media

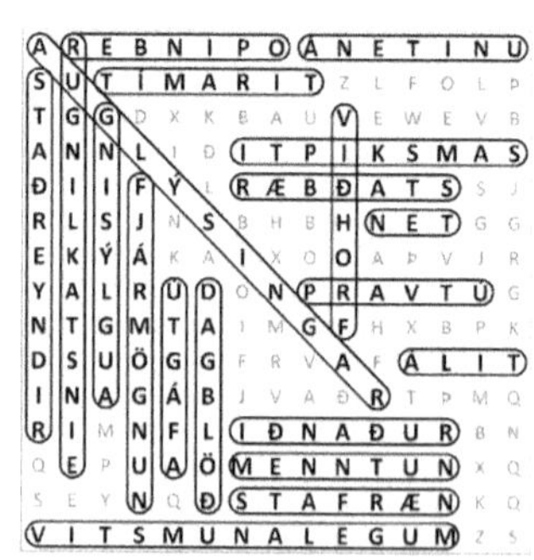

70 - Boats

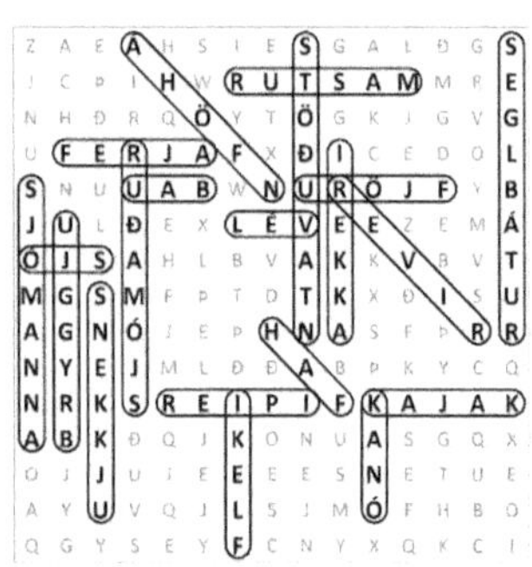

71 - Activities and Leisure

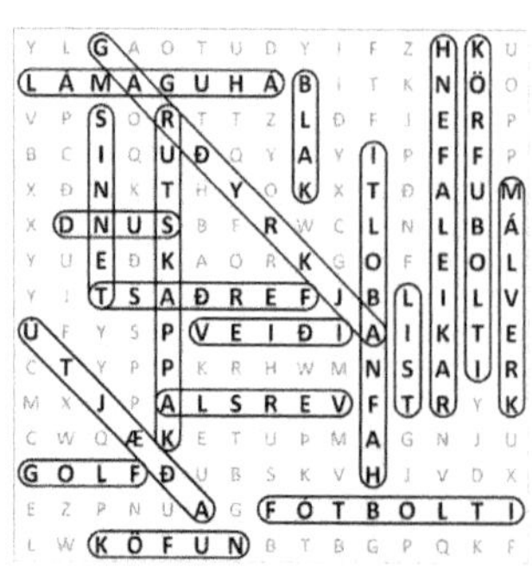

72 - Driving

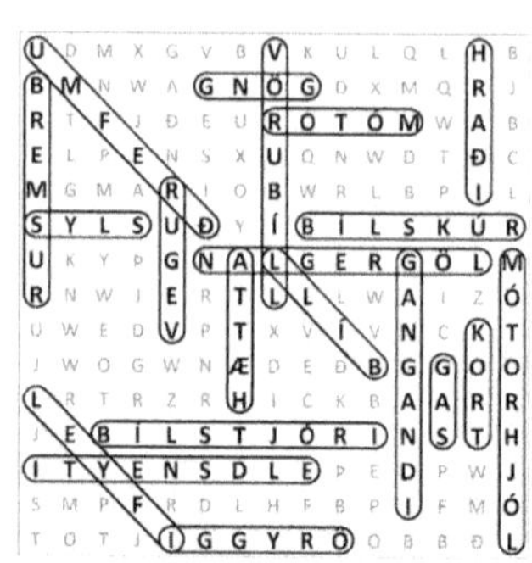

73 - Biology

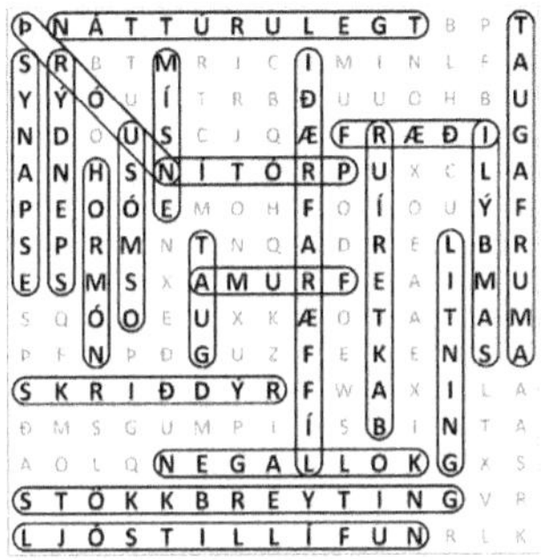

74 - Professions #2

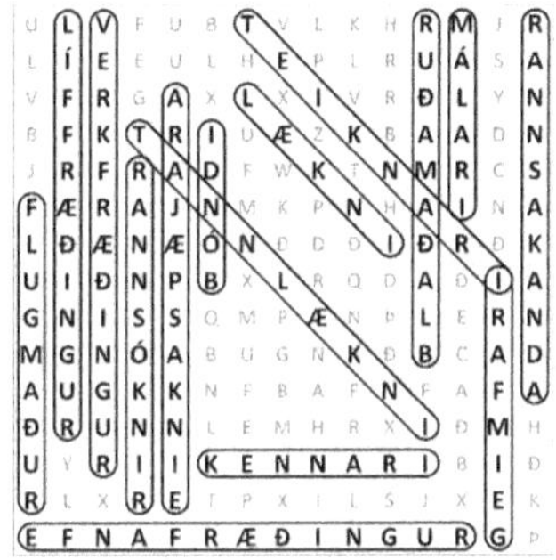

75 - Emotions

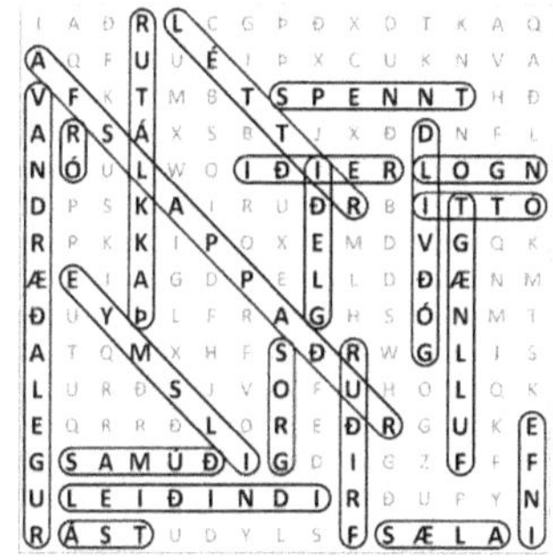

76 - Mythology

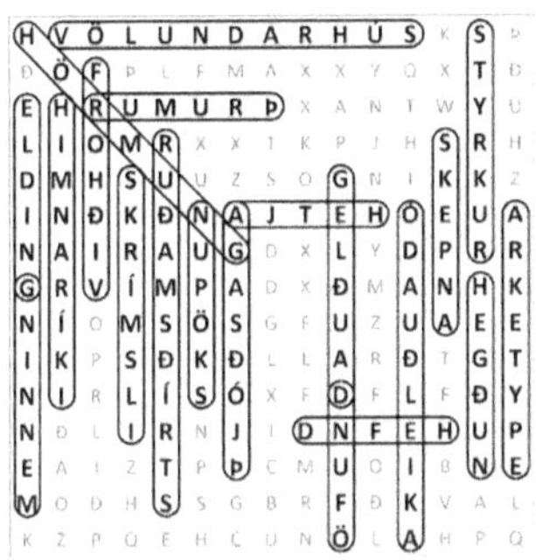

77 - Agronomy

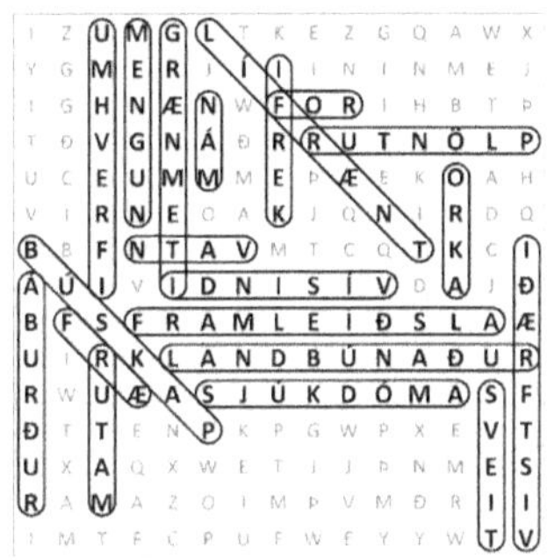

78 - Hair Types

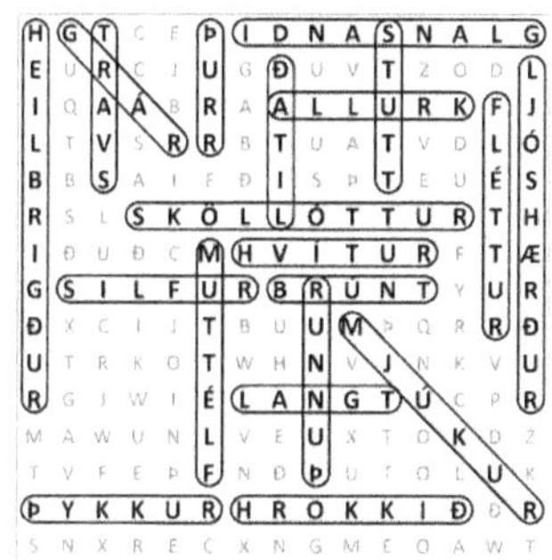

79 - Garden

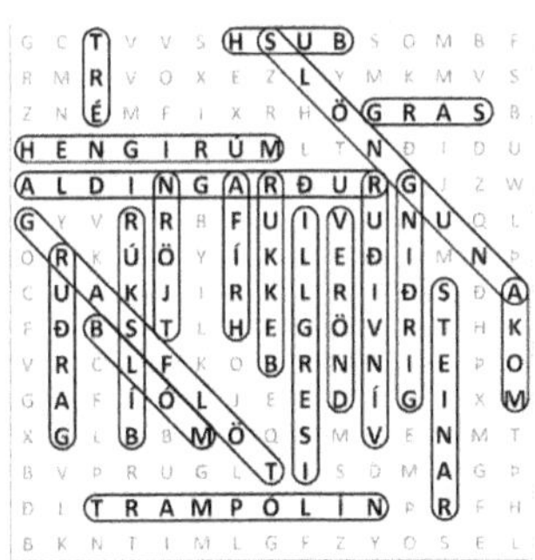

80 - Diplomacy

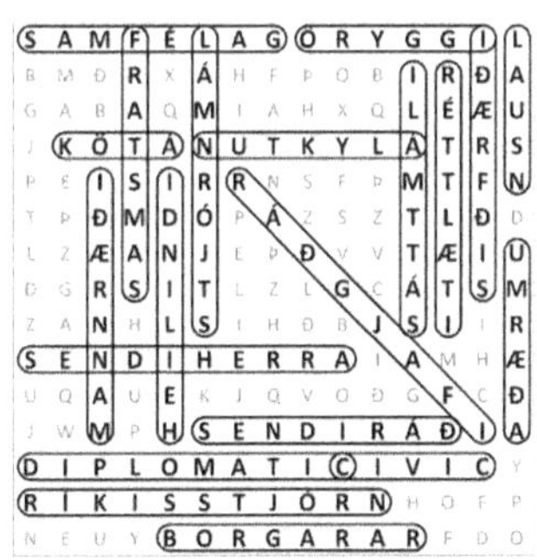

81 - Countries #1

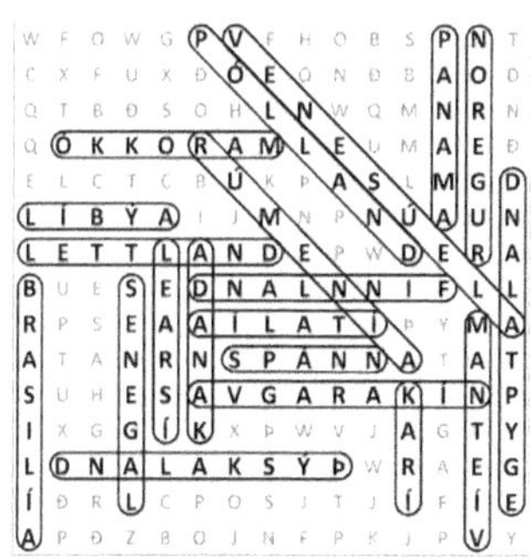

82 - Adjectives #1

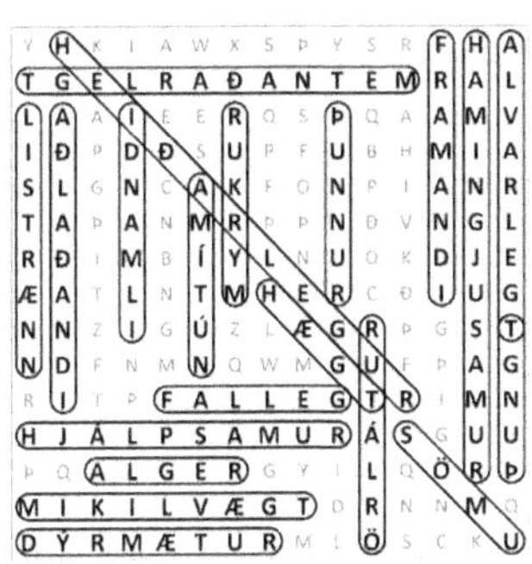

83 - Rainforest

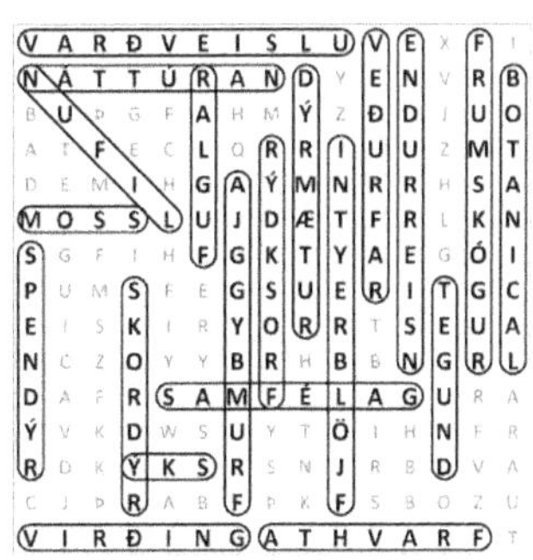

84 - Global Warming

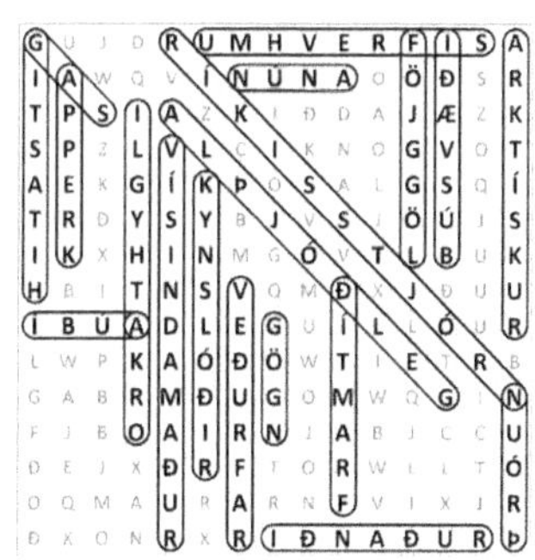

85 - Landscapes

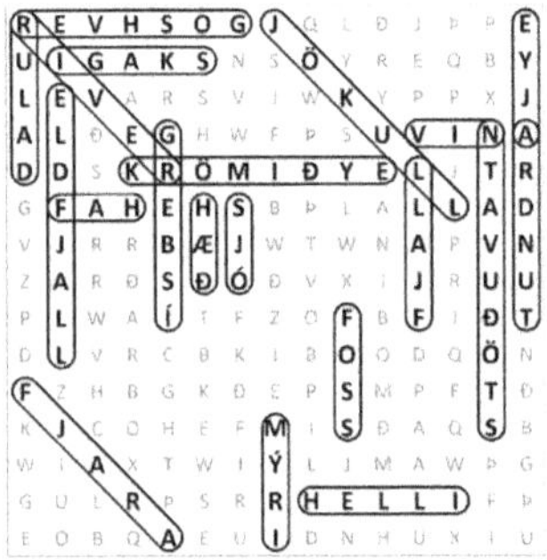

86 - Plants

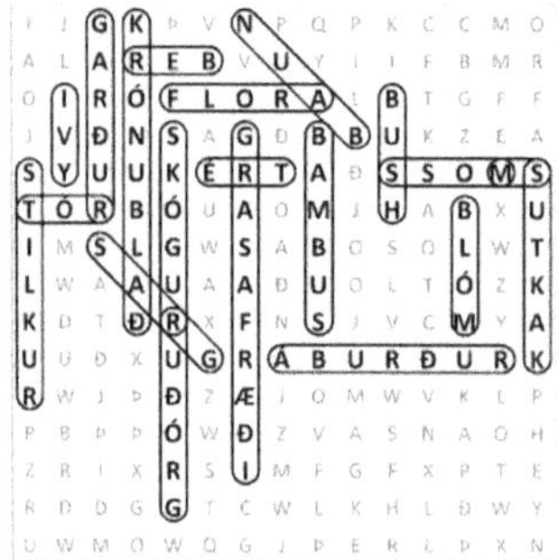

87 - Boxing

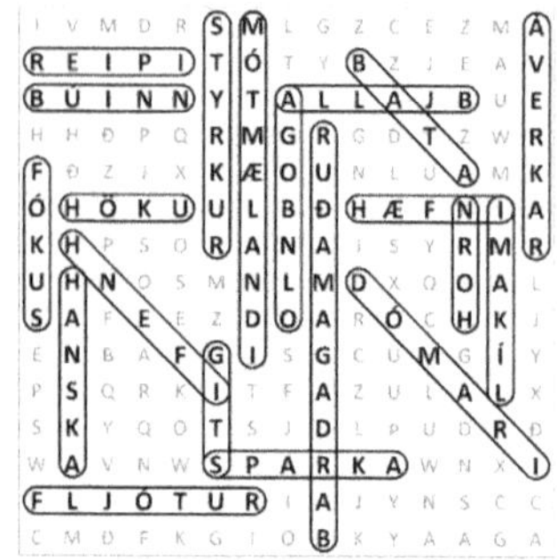

88 - Countries #2

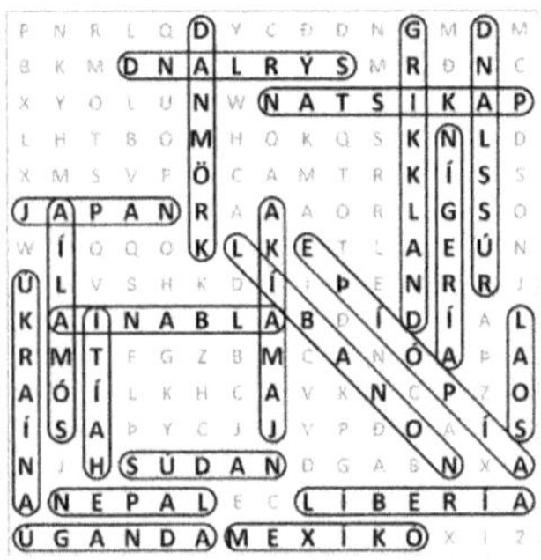

89 - Adjectives #2

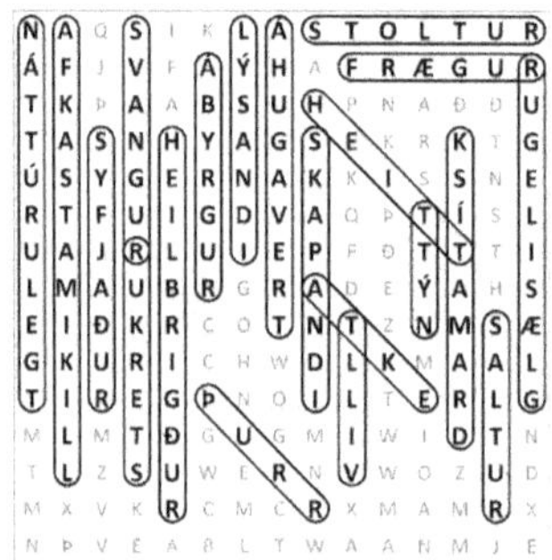

90 - Psychology

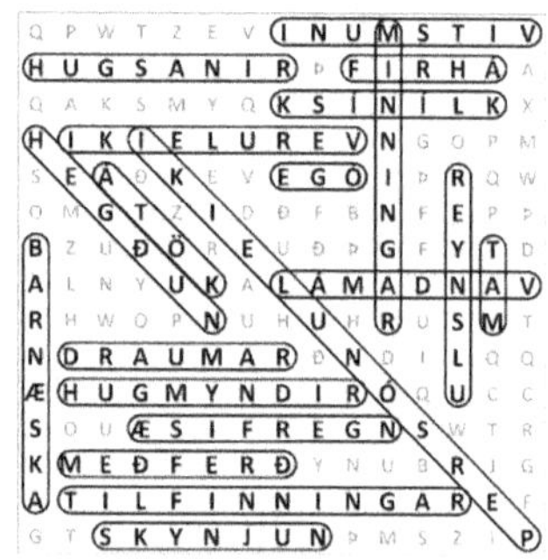

91 - Math

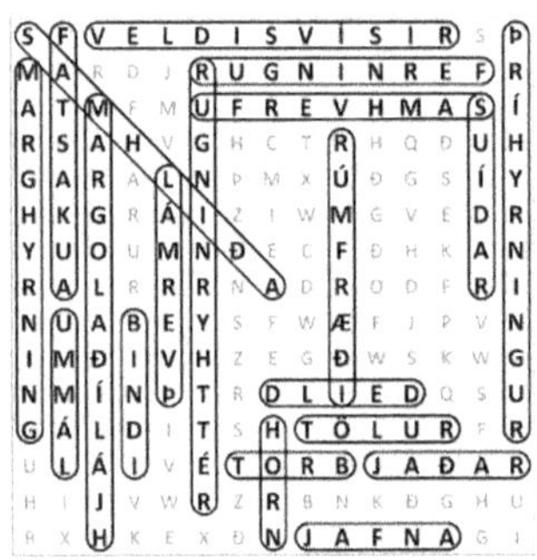

92 - Activities

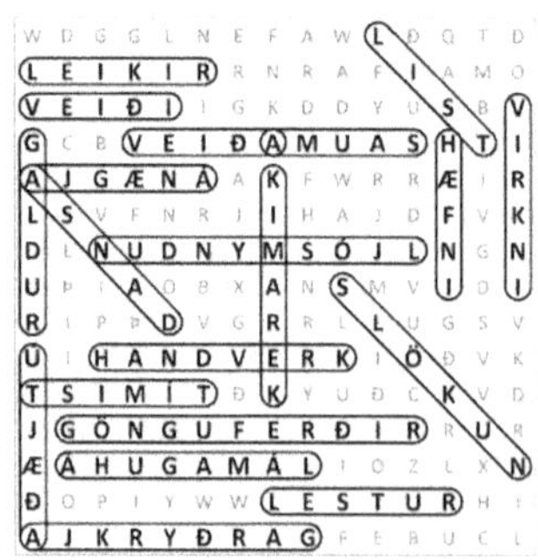

93 - Business

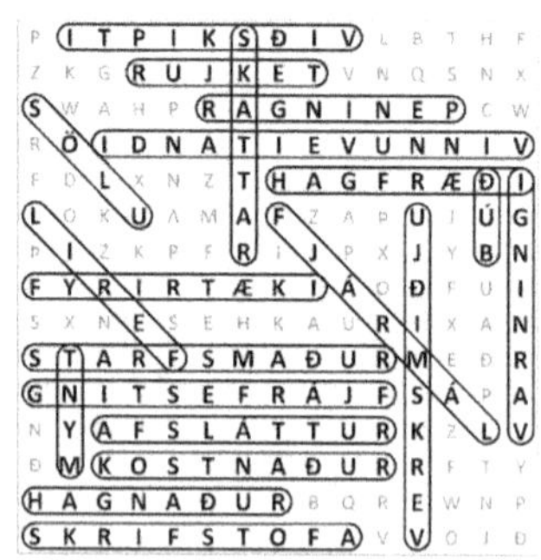

94 - The Company

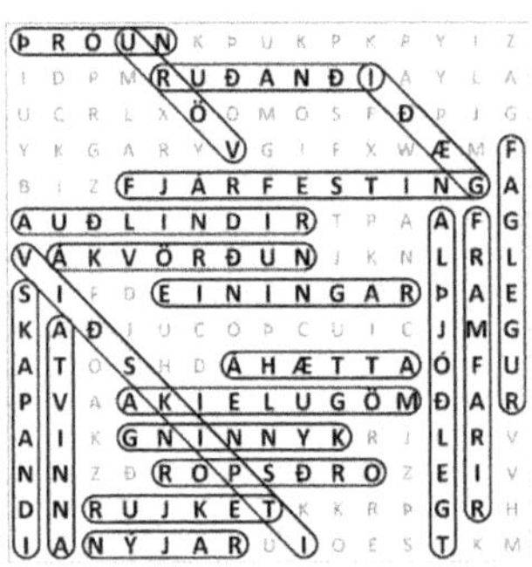

95 - Literature

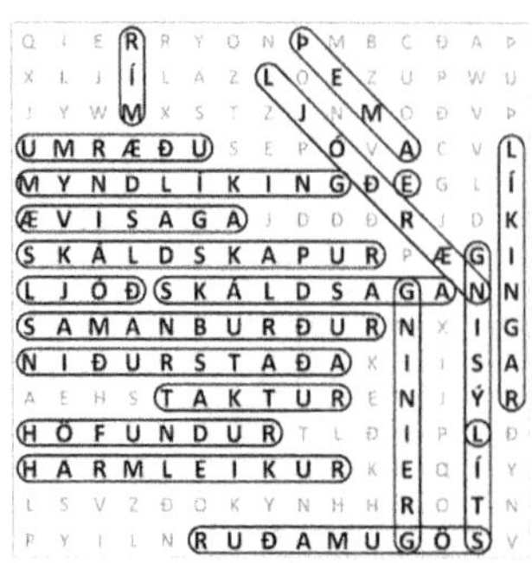

96 - Geography

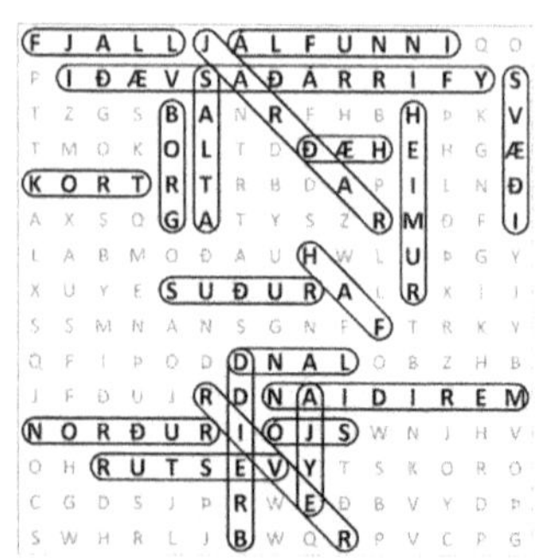

97 - Jazz

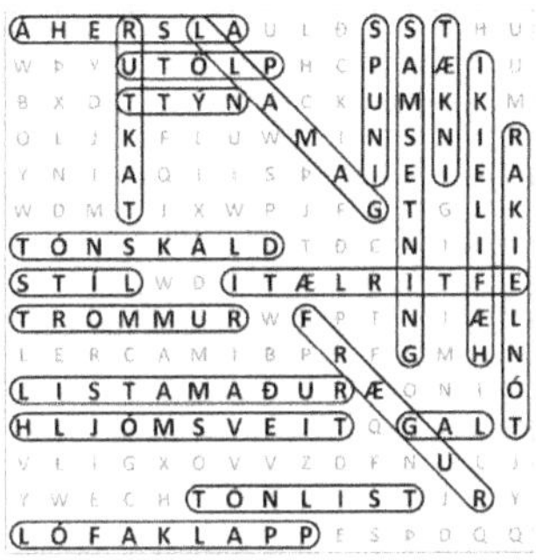

98 - Nature

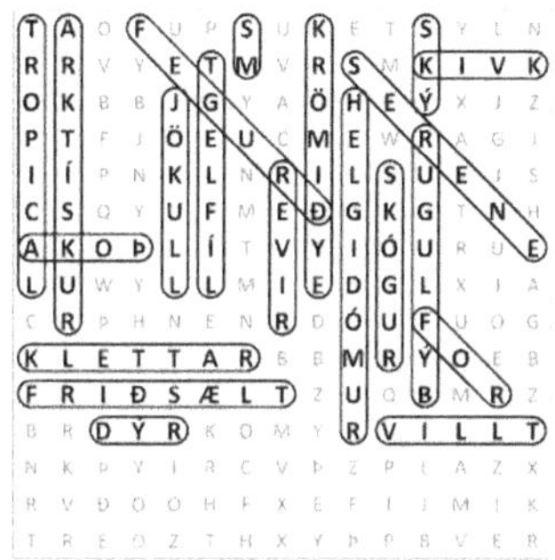

99 - Vacation #2

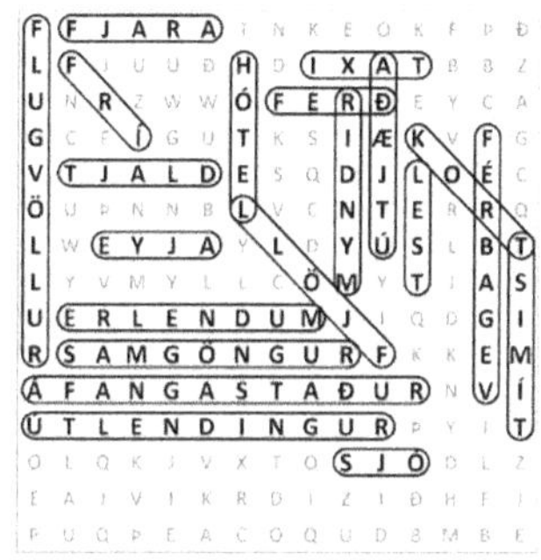

100 - Electricity

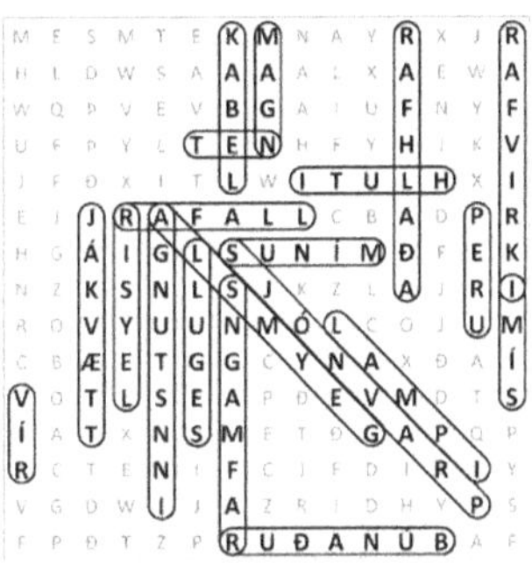

Dictionary

Activities
Starfsemi

Activity	Virkni
Art	List
Camping	Útjæða
Ceramics	Keramik
Crafts	Handverk
Dancing	Dansa
Fishing	Veiði
Games	Leikir
Gardening	Garðyrkja
Hiking	Gönguferðir
Hunting	Veiða
Interests	Áhugamál
Leisure	Tímist
Magic	Galdur
Photography	Ljósmyndun
Pleasure	Ánægja
Reading	Lestur
Relaxation	Slökun
Sewing	Sauma
Skill	Hæfni

Activities and Leisure
Starfsemi og Tómstundir

Art	List
Baseball	Hafnabolti
Basketball	Körfubolti
Boxing	Hnefaleikar
Camping	Útjæða
Diving	Köfun
Fishing	Veiði
Gardening	Garðyrkja
Golf	Golf
Hiking	Gönguferðir
Hobbies	Áhugamál
Painting	Málverk
Racing	Kappakstur
Relaxing	Afslappandi
Shopping	Versla
Soccer	Fótbolti
Swimming	Sund
Tennis	Tennis
Travel	Ferðast
Volleyball	Blak

Adjectives #1
Lýsingarorð #1

Absolute	Alger
Ambitious	Metnaðarlegt
Aromatic	Ilmandi
Artistic	Listrænn
Attractive	Aðlaðandi
Beautiful	Falleg
Dark	Myrkur
Exotic	Framandi
Generous	Örlátur
Happy	Hamingjusamur
Heavy	Þungt
Helpful	Hjálpsamur
Honest	Heiðarlegur
Identical	Sömu
Important	Mikilvægt
Modern	Nútíma
Serious	Alvarlegt
Slow	Hægt
Thin	Þunnur
Valuable	Dýrmætur

Adjectives #2
Lýsingarorð #2

Authentic	Ekta
Creative	Skapandi
Descriptive	Lýsandi
Dramatic	Dramatísk
Dry	Þurr
Elegant	Glæsilegur
Famous	Frægur
Healthy	Heilbrigður
Hot	Heitt
Hungry	Svangur
Interesting	Áhugavert
Natural	Náttúrulegt
New	Nýtt
Productive	Afkastamikill
Proud	Stoltur
Responsible	Ábyrgur
Salty	Saltur
Sleepy	Syfjaður
Strong	Sterkur
Wild	Villt

Adventure
Ævintýri

Activity	Virkni
Beauty	Fegurð
Bravery	Hugrekki
Challenges	Áskoranir
Chance	Líkur
Dangerous	Hættulegt
Destination	Áfangastaður
Difficulty	Vandi
Enthusiasm	Eldmóð
Excursion	Skoðunarferð
Friends	Vinir
Itinerary	Ferðaáætlun
Joy	Gleði
Nature	Náttúran
Navigation	Siglingar
New	Nýtt
Opportunity	Tækifæri
Preparation	Undirbúningur
Safety	Öryggi
Unusual	Óvenjulegt

Agronomy
Jarðfræði

Agriculture	Landbúnaður
Diseases	Sjúkdóma
Ecology	Vistfræði
Energy	Orka
Environment	Umhverfi
Erosion	Rof
Farming	Búskap
Fertilizer	Áburður
Food	Matur
Organic	Lífrænt
Plants	Plöntur
Pollution	Mengun
Production	Framleiðsla
Rural	Sveit
Science	Vísindi
Seeds	Fræ
Study	Nám
Systems	Kerfi
Vegetables	Grænmeti
Water	Vatn

Airplanes
Flugvélar

Adventure	Ævintýri
Air	Loft
Atmosphere	Stjórnmál
Balloon	Blöðru
Construction	Smíði
Crew	Áhöfn
Descent	Uppruna
Design	Hönnun
Direction	Stefnu
Engine	Vél
Fuel	Eldsneyti
Height	Hæð
History	Saga
Hydrogen	Vetni
Landing	Lending
Passenger	Farþegi
Pilot	Flugmaður
Propellers	Skrúfur
Sky	Himinn
Turbulence	Ókyrrð

Algebra
Algebru

Addition	Viðbót
Diagram	Skýringarmynd
Division	Deild
Equation	Jafna
Exponent	Veldisvísir
Factor	Þáttur
False	Rangt
Formula	Formúla
Fraction	Brot
Infinite	Óendanlega
Linear	Línuleg
Matrix	Fylki
Number	Númer
Parenthesis	Sviga
Problem	Vandamál
Simplify	Einfalda
Solution	Lausn
Subtraction	Frádráttur
Variable	Breyta
Zero	Núll

Antarctica
Suðurskautslandið

Bay	Flói
Birds	Fuglar
Clouds	Ský
Conservation	Verndun
Continent	Álfunni
Cove	Cove
Environment	Umhverfi
Expedition	Leiðangur
Geography	Landafræði
Glaciers	Jöklar
Ice	Ís
Islands	Eyjar
Minerals	Steinefni
Peninsula	Skagi
Researcher	Rannsóknir
Rocky	Rocky
Scientific	Vísindlegt
Temperature	Hitastig
Topography	Landslag
Water	Vatn

Antiques
Fornminjar

Art	List
Auction	Uppboð
Authentic	Ekta
Century	Öld
Coins	Mynt
Decades	Áratugi
Decorative	Skreytingar
Elegant	Glæsilegur
Furniture	Húsgögn
Gallery	Gallerí
Investment	Fjárfesting
Jewelry	Skartgripir
Old	Gamall
Price	Verð
Quality	Gæði
Restoration	Endurreisn
Sculpture	Höggmynd
Style	Stíl
Unusual	Óvenjulegt
Value	Virði

Archeology
Fornleifafræði

Analysis	Greining
Ancient	Forn
Antiquity	Fornöld
Bones	Bein
Civilization	Siðmenning
Descendant	Afkomandi
Era	Tímum
Evaluation	Mat
Expert	Sérfræðingur
Findings	Niðurstöður
Forgotten	Gleymt
Fragments	Brot
Mystery	Ráðgáta
Objects	Hluti
Relic	Minni
Researcher	Rannsóknir
Team	Lið
Temple	Temple
Tomb	Gröf
Unknown	Óþekkt

Art Supplies
List Vistir

Acrylic	Akrýl
Brushes	Burstar
Camera	Myndavél
Chair	Stól
Charcoal	Kol
Clay	Leir
Colors	Liti
Creativity	Sköpun
Easel	Glæsla
Eraser	Strokleður
Glue	Lím
Ideas	Hugmyndir
Ink	Blek
Oil	Olía
Paints	Málningu
Paper	Pappír
Pencils	Blýantar
Table	Borð
Water	Vatn
Watercolors	Vatnslitir

Astronomy
Stjörnufræði

Asteroid	Smástirni
Astronaut	Geimfari
Constellation	Stjörnumerki
Cosmos	Cosmos
Earth	Jörð
Eclipse	Myrkvi
Equinox	Equinox
Galaxy	Galaxy
Meteor	Loftstein
Moon	Tungl
Nebula	Þokka
Observatory	Observatory
Planet	Reikistjarna
Radiation	Geislun
Rocket	Eldflaug
Satellite	Gervitungl
Sky	Himinn
Solar	Sól
Telescope	Sjónauki
Zodiac	Dýrir

Ballet
Ballett

Applause	Lófaklapp
Artistic	Listrænn
Audience	Áhorfendur
Ballerina	Ballerína
Choreography	Kóreógraf
Composer	Tónskáld
Dancers	Dansarar
Expressive	Svipmikill
Gesture	Látbragð
Graceful	Tignarlegt
Intensity	Styrkleiki
Muscles	Vöðva
Music	Tónlist
Orchestra	Hljómsveit
Practice	Æfing
Rhythm	Taktur
Skill	Hæfni
Solo	Sóló
Style	Stíl
Technique	Tækni

Barbecues
Grillveislur

Chicken	Kjúklingur
Children	Börn
Dinner	Kvöldmatur
Family	Fjölskylda
Food	Matur
Forks	Forks
Friends	Vinir
Fruit	Ávöxtur
Games	Leikir
Grill	Grill
Hot	Heitt
Hunger	Hungur
Knives	Hnífa
Music	Tónlist
Salads	Salöt
Salt	Salt
Sauce	Sósa
Summer	Sumar
Tomatoes	Tómatar
Vegetables	Grænmeti

Beauty
Fegurð

Charm	Heilla
Color	Litur
Cosmetics	Snyrtivörur
Curls	Krulla
Elegance	Glæsileiki
Elegant	Glæsilegur
Fragrance	Ilmur
Grace	Náð
Lipstick	Varalitur
Makeup	Farði
Mascara	Maskara
Mirror	Spegill
Oils	Olíur
Photogenic	Ljósmyndin
Products	Vörur
Scissors	Skæri
Services	Þjónusta
Shampoo	Sjampó
Skin	Húð
Stylist	Stílisti

Bees
Býflugur

Beneficial	Gagnleg
Blossom	Blómstra
Diversity	Fjölbreytni
Ecosystem	Vistkerfi
Flowers	Blóm
Food	Matur
Fruit	Ávöxtur
Garden	Garður
Habitat	Búsvæði
Hive	Býflugnabú
Honey	Hunang
Insect	Skordýr
Plants	Plöntur
Pollen	Frjókorn
Pollinator	Frævun
Queen	Drottning
Smoke	Reykur
Sun	Sól
Swarm	Kvik
Wax	Vax

Biology
Líffræði

Anatomy	Líffærafræði
Bacteria	Bakteríur
Cell	Fruma
Chromosome	Litning
Collagen	Kollagen
Embryo	Fræði
Enzyme	Ensím
Evolution	Þróun
Hormone	Hormón
Mammal	Spendýr
Mutation	Stökkbreyting
Natural	Náttúrulegt
Nerve	Taug
Neuron	Taugafruma
Osmosis	Osmósu
Photosynthesis	Ljóstillífun
Protein	Prótín
Reptile	Skriðdýr
Symbiosis	Sambýli
Synapse	Synapse

Birds
Fuglar

Canary	Kanarífugl
Chicken	Kjúklingur
Crow	Kráka
Cuckoo	Gaukur
Dove	Dúfa
Duck	Önd
Eagle	Örn
Egg	Egg
Flamingo	Flamingo
Goose	Gæs
Heron	Heron
Ostrich	Strútur
Parrot	Páfagaukur
Peacock	Peacock
Pelican	Pelican
Penguin	Mörgæs
Sparrow	Sparrow
Stork	Storkur
Swan	Svanur
Toucan	Toucan

Boats
Bátar

Anchor	Akkeri
Buoy	Bau
Canoe	Kanó
Crew	Áhöfn
Dock	Bryggju
Engine	Vél
Ferry	Ferja
Kayak	Kajak
Lake	Stöðuvatn
Mast	Mastur
Nautical	Sjómanna
Ocean	Haf
Raft	Fleki
River	River
Rope	Reipi
Sailboat	Seglbátur
Sailor	Sjómaður
Sea	Sjó
Tide	Fjöru
Yacht	Snekkju

Books
Bækur

Adventure	Ævintýri
Author	Höfundur
Collection	Safn
Context	Samhengi
Duality	Tvíeðli
Epic	Epic
Historical	Sögulegt
Humorous	Gamansamur
Inventive	Frumleg
Literary	Bókmennta
Narrator	Sögumaður
Novel	Skáldsaga
Page	Síða
Poem	Ljóð
Reader	Lesandi
Relevant	Viðeigandi
Series	Röð
Story	Saga
Tragic	Hörmulega
Written	Skrifað

Boxing
Hnefaleikar

Bell	Bjalla
Body	Líkami
Chin	Höku
Corner	Horn
Elbow	Olnboga
Exhausted	Búinn
Fighter	Bardagamaður
Fist	Hnefi
Focus	Fókus
Gloves	Hanska
Injuries	Áverkar
Kick	Sparka
Opponent	Mótmælandi
Points	Stig
Quick	Fljótur
Recovery	Bata
Referee	Dómari
Ropes	Reipi
Skill	Hæfni
Strength	Styrkur

Buildings
Byggingar

Apartment	Íbúð
Barn	Hlöðu
Cabin	Klefa
Castle	Kastali
Cinema	Kvikmyndahús
Embassy	Sendiráð
Factory	Verksmiðju
Farm	Bær
Garage	Bílskúr
Hospital	Sjúkrahús
Hotel	Hótel
Museum	Safn
Observatory	Observatory
School	Skóli
Stadium	Völlinn
Supermarket	Matvörubúð
Tent	Tjald
Theater	Leikhús
Tower	Turn
University	Háskóli

Business
Viðskipti

Career	Feril
Company	Fyrirtæki
Cost	Kostnaður
Currency	Mynt
Discount	Afsláttur
Economics	Hagfræði
Employee	Starfsmaður
Employer	Vinnuveitandi
Factory	Verksmiðju
Finance	Fjármál
Income	Tekjur
Investment	Fjárfesting
Merchandise	Varningi
Money	Peningar
Office	Skrifstofa
Profit	Hagnaður
Sale	Sölu
Shop	Búð
Taxes	Skattar
Transaction	Viðskipti

Camping

Tjaldstæði

Adventure	Ævintýri
Animals	Dýr
Cabin	Klefa
Canoe	Kanó
Compass	Áttavita
Fire	Eldur
Forest	Skógur
Fun	Gaman
Hammock	Hengirúm
Hat	Hattur
Hunting	Veiða
Insect	Skordýr
Lake	Stöðuvatn
Map	Kort
Moon	Tungl
Mountain	Fjall
Nature	Náttúran
Rope	Reipi
Tent	Tjald
Trees	Tré

Chemistry

Efnafræði

Acid	Sýra
Alkaline	Súr
Atomic	Lotukerfinu
Carbon	Kolefni
Catalyst	Hvati
Chlorine	Klór
Electron	Rafeind
Enzyme	Ensím
Gas	Gas
Heat	Hita
Hydrogen	Vetni
Ion	Jón
Liquid	Fljótandi
Molecule	Sameind
Nuclear	Kjarnorku
Organic	Lífrænt
Oxygen	Súrefni
Salt	Salt
Temperature	Hitastig
Weight	Þyngd

Chess

Skák

Black	Svart
Challenges	Áskoranir
Champion	Meistari
Clever	Snjall
Contest	Keppni
Diagonal	Ská
Game	Leikur
King	Konungur
Opponent	Mótmælandi
Passive	Aðgerðalaus
Player	Leikmaður
Points	Stig
Queen	Drottning
Rules	Reglur
Sacrifice	Fórn
Strategy	Stefnu
Time	Tími
To Learn	Að Læra
Tournament	Mót
White	Hvítur

Chocolate

Súkkulaði

Antioxidant	Andoxunarefni
Aroma	Ilmur
Artisanal	Handverk
Bitter	Bitur
Cacao	Kakó
Calories	Hitaeiningar
Candy	Nammi
Caramel	Karamella
Coconut	Kókoshneta
Delicious	Ljúffengur
Exotic	Framandi
Favorite	Uppáhalds
Ingredient	Efni
Peanuts	Hnetum
Quality	Gæði
Recipe	Uppskrift
Sugar	Sykur
Sweet	Sætur
Taste	Bragð
To Eat	Að Borða

Clothes

Fötin

Apron	Svuntu
Belt	Belti
Blouse	Blússa
Bracelet	Armband
Coat	Kápu
Dress	Kjóll
Fashion	Tíska
Gloves	Hanska
Hat	Hattur
Jacket	Jakki
Jeans	Gallabuxur
Jewelry	Skartgripir
Pajamas	Náttföt
Pants	Buxur
Sandals	Skó
Scarf	Trefil
Shirt	Skyrta
Shoe	Skór
Skirt	Pils
Sweater	Peysa

Coffee

Kaffi

Acidic	Súr
Aroma	Ilmur
Beverage	Drykkur
Bitter	Bitur
Black	Svart
Caffeine	Koffín
Cream	Rjóma
Cup	Bolli
Filter	Sía
Flavor	Bragð
Grind	Mala
Liquid	Fljótandi
Milk	Mjólk
Morning	Morgunn
Origin	Uppruna
Price	Verð
Roasted	Brennt
Sugar	Sykur
Variety	Fjölbreytni
Water	Vatn

Countries #1
Löndum #1

Brazil	Brasilía
Canada	Kanada
Egypt	Egyptaland
Finland	Finnland
Germany	Þýskaland
Iraq	Írak
Israel	Ísrael
Italy	Ítalía
Latvia	Lettland
Libya	Líbýa
Morocco	Marokkó
Nicaragua	Níkaragva
Norway	Noregur
Panama	Panama
Poland	Pólland
Romania	Rúmenía
Senegal	Senegal
Spain	Spánn
Venezuela	Venesúela
Vietnam	Víetnam

Countries #2
Löndum #2

Albania	Albanía
Denmark	Danmörk
Ethiopia	Eþíópía
Greece	Grikkland
Haiti	Haítí
Jamaica	Jamaíka
Japan	Japan
Laos	Laos
Lebanon	Líbanon
Liberia	Líbería
Mexico	Mexíkó
Nepal	Nepal
Nigeria	Nígería
Pakistan	Pakistan
Russia	Rússland
Somalia	Sómalía
Sudan	Súdan
Syria	Sýrland
Uganda	Úganda
Ukraine	Úkraína

Days and Months
Dagar og Mánuðir

April	Apríl
August	Ágúst
Calendar	Dagatal
February	Febrúar
Friday	Föstudagur
January	Janúar
July	Júlí
March	Mars
Monday	Mánudagur
Month	Mánuður
November	Nóvember
October	Október
Saturday	Laugardagur
September	September
Sunday	Sunnudagur
Thursday	Fimmtudagur
Tuesday	Þriðjudagur
Wednesday	Miðvikudagur
Week	Vika
Year	Ár

Diplomacy
Samningaviðræðum

Adviser	Ráðgjafi
Ambassador	Sendiherra
Citizens	Borgarar
Civic	Civic
Community	Samfélag
Conflict	Átök
Cooperation	Samstarf
Diplomatic	Diplomatic
Discussion	Umræða
Embassy	Sendiráð
Ethics	Siðfræði
Government	Ríkisstjórn
Humanitarian	Mannræði
Integrity	Heilindi
Justice	Réttlæti
Politics	Stjórnmál
Resolution	Ályktun
Security	Öryggi
Solution	Lausn
Treaty	Sáttmáli

Disease
Sjúkdómurinn

Abdominal	Kvið
Allergies	Ofnæmi
Bacterial	Baktería
Body	Líkami
Bones	Bein
Chronic	Langvarandi
Contagious	Smitandi
Health	Heilsa
Heart	Hjarta
Hereditary	Arfgengur
Immunity	Ónæmi
Inflammation	Bólga
Lumbar	Lumbar
Neuropathy	Taugakvilla
Pathogens	Sýkla
Pulmonary	Lungum
Respiratory	Öndunarfæri
Syndrome	Heilkenni
Therapy	Meðferð
Weak	Veik

Driving
Akstur

Accident	Slys
Brakes	Bremsur
Car	Bíll
Danger	Hætta
Driver	Bílstjóri
Fuel	Eldsneyti
Garage	Bílskúr
Gas	Gas
License	Leyfi
Map	Kort
Motor	Mótor
Motorcycle	Mótorhjól
Pedestrian	Gangandi
Police	Lögreglan
Road	Vegur
Safety	Öryggi
Speed	Hraði
Traffic	Umferð
Truck	Vörubíll
Tunnel	Göng

Electricity
Rafmagn

Battery	Rafhlaða
Bulb	Peru
Cable	Kabel
Electric	Rafmagns
Electrician	Rafvirki
Equipment	Búnaður
Generator	Rafall
Lamp	Lampi
Laser	Leysir
Magnet	Segull
Negative	Mínus
Network	Net
Objects	Hluti
Positive	Jákvætt
Quantity	Magn
Socket	Innstunga
Storage	Geymsla
Telephone	Sími
Television	Sjónvarp
Wires	Vír

Emotions
Tilfinningar

Anger	Reiði
Bliss	Sæla
Boredom	Leiðindi
Calm	Logn
Content	Efni
Embarrassed	Vandræðalegur
Excited	Spennt
Fear	Ótti
Grateful	Þakklátur
Joy	Gleði
Kindness	Góðvild
Love	Ást
Peace	Friður
Relaxed	Afslappaður
Relief	Léttir
Sadness	Sorg
Satisfied	Fullnægt
Sympathy	Samúð
Tenderness	Eymsli
Tranquility	Ró

Energy
Orka

Battery	Rafhlaða
Carbon	Kolefni
Diesel	Dísel
Electric	Rafmagns
Electron	Rafeind
Engine	Vél
Entropy	Óreiða
Environment	Umhverfi
Fuel	Eldsneyti
Gasoline	Bensín
Heat	Hita
Hydrogen	Vetni
Industry	Iðnaður
Motor	Mótor
Nuclear	Kjarnorku
Photon	Ljóseind
Pollution	Mengun
Renewable	Endurnýjanleg
Turbine	Túrbína
Wind	Vindur

Engineering
Verkfræði

Angle	Horn
Axis	Ás
Calculation	Útreikning
Construction	Smíði
Depth	Dýpt
Diagram	Skýringarmynd
Diameter	Þvermál
Diesel	Dísel
Distribution	Dreifing
Energy	Orka
Gears	Gír
Levers	Stangir
Liquid	Fljótandi
Machine	Vél
Measurement	Mæling
Motor	Mótor
Propulsion	Knýja
Stability	Stöðugleiki
Strength	Styrkur
Structure	Bygging

Family
Fjölskylda

Ancestor	Forfaðir
Aunt	Frænka
Brother	Bróðir
Child	Barn
Childhood	Barnæska
Children	Börn
Daughter	Dóttir
Father	Faðir
Grandchild	Barnabarn
Grandfather	Afi
Grandmother	Amma
Husband	Eiginmaður
Maternal	Móður
Mother	Móðir
Nephew	Frændi
Paternal	Ingar
Sister	Systir
Twins	Tvíburar
Uncle	Frændi
Wife	Eiginkona

Farm #1
Bær #1

Agriculture	Landbúnaður
Bee	Bí
Bison	Vísundur
Calf	Kálfur
Cat	Köttur
Chicken	Kjúklingur
Cow	Kýr
Crow	Kráka
Dog	Hundur
Donkey	Asni
Fence	Girðing
Fertilizer	Áburður
Field	Engi
Goat	Geit
Hay	Hey
Honey	Hunang
Horse	Hestur
Rice	Hrísgrjón
Seeds	Fræ
Water	Vatn

Farm #2
Bær #2

Animals	Dýr
Barley	Bygg
Barn	Hlöðu
Corn	Korn
Duck	Önd
Farmer	Bóndi
Food	Matur
Fruit	Ávöxtur
Irrigation	Áveitu
Lamb	Lamb
Llama	Lamadýr
Meadow	Engi
Milk	Mjólk
Orchard	Aldingarður
Sheep	Kind
Shepherd	Hirðir
Tractor	Dráttarvél
Vegetable	Grænmeti
Wheat	Hveiti
Windmill	Vindmylla

Fashion
Tíska

Affordable	Hagkvæm
Boutique	Boutique
Buttons	Hnappa
Clothing	Fatnað
Comfortable	Þægilegt
Elegant	Glæsilegur
Embroidery	Útsaumur
Expensive	Dýr
Fabric	Efni
Lace	Reima
Measurements	Mælingar
Minimalist	Lægstur
Modern	Nútíma
Modest	Hógvær
Original	Originlegt
Pattern	Mynstur
Practical	Hagnýt
Style	Stíl
Texture	Áferð
Trend	Stefna

Fishing
Veiðar

Bait	Beita
Basket	Karfa
Beach	Fjara
Boat	Bátur
Cook	Elda
Equipment	Búnaður
Exaggeration	Ýkjur
Fins	Uggar
Gills	Tálkn
Hook	Krókur
Jaw	Kjálka
Lake	Stöðuvatn
Ocean	Haf
Patience	Þolinmæði
River	River
Scales	Vog
Season	Árstíð
Water	Vatn
Weight	Þyngd
Wire	Vír

Flowers
Blóm

Bouquet	Vönd
Calendula	Calendula
Clover	Smári
Daisy	Daisy
Dandelion	Fífill
Gardenia	Toga
Hibiscus	Hibiscus
Jasmine	Jasmine
Lavender	Lofnarblóm
Lilac	Líla
Lily	Lily
Magnolia	Magnolia
Orchid	Orchid
Passionflower	Ástríðublóm
Peony	Peony
Petal	Krónublað
Plumeria	Plumeria
Poppy	Poppy
Sunflower	Sólblóm
Tulip	Túlipan

Food #1
Matur #1

Apricot	Apríkósa
Barley	Bygg
Basil	Basil
Carrot	Gulrót
Cinnamon	Kanil
Garlic	Hvítlaukur
Juice	Safa
Lemon	Sítrónu
Milk	Mjólk
Onion	Laukur
Peanut	Hnetu
Pear	Pera
Salad	Salat
Salt	Salt
Soup	Súpa
Spinach	Spínat
Strawberry	Jarðarber
Sugar	Sykur
Tuna	Túnfiskur
Turnip	Næpa

Food #2
Matur #2

Apple	Epli
Artichoke	Artihoke
Banana	Banani
Broccoli	Spergilkál
Celery	Sellerí
Cheese	Ostur
Cherry	Kirsuber
Chicken	Kjúklingur
Chocolate	Súkkulaði
Egg	Egg
Eggplant	Eggaldin
Fish	Fiskur
Grape	Vínber
Ham	Skinka
Kiwi	Kíví
Mushroom	Sveppir
Rice	Hrísgrjón
Tomato	Tómat
Wheat	Hveiti
Yogurt	Jógúrt

Force and Gravity
Kraftur og Þyngdarafl

Axis	Ás
Center	Miðja
Discovery	Uppgötvun
Distance	Fjarlægð
Dynamic	Kvik
Expansion	Stækkun
Friction	Núning
Impact	Áhrif
Magnetism	Segulmagn
Magnitude	Stærð
Mechanics	Vélfræði
Momentum	Skriðþunga
Orbit	Sporbraut
Physics	Eðlisfræði
Pressure	Þrýstingur
Properties	Eignir
Speed	Hraði
Time	Tími
Universal	Alhliða
Weight	Þyngd

Fruit
Ávextir

Apple	Epli
Apricot	Apríkósa
Avocado	Avókadó
Banana	Banani
Berry	Ber
Cherry	Kirsuber
Coconut	Kókoshneta
Fig	Mynd
Grape	Vínber
Guava	Guava
Kiwi	Kíví
Lemon	Sítrónu
Mango	Mangó
Melon	Melóna
Nectarine	Nectarine
Papaya	Papaya
Peach	Ferskja
Pear	Pera
Pineapple	Ananas
Raspberry	Hindberjum

Garden
Garðinum

Bench	Bekkur
Bush	Bush
Fence	Girðing
Flower	Blóm
Garage	Bílskúr
Garden	Garður
Grass	Gras
Hammock	Hengirúm
Hose	Slönguna
Lawn	Grasflöt
Orchard	Aldingarður
Pond	Tjörn
Rake	Hrífa
Rocks	Steinar
Shovel	Moka
Terrace	Verönd
Trampoline	Trampólín
Tree	Tré
Vine	Vínviður
Weeds	Illgresi

Gardening
Garðyrkja

Blossom	Blómstra
Botanical	Botanical
Bouquet	Vönd
Climate	Veðurfar
Compost	Molta
Container	Ílát
Dirt	Óhreinindi
Edible	Ætur
Exotic	Framandi
Floral	Blóma
Foliage	Sm
Hose	Slönguna
Leaf	Lauf
Moisture	Raki
Orchard	Aldingarður
Seasonal	Opin
Seeds	Fræ
Soil	Jarðvegur
Species	Tegund
Water	Vatn

Geography
Landafræði

Altitude	Hæð
Atlas	Atlas
City	Borg
Continent	Álfunni
Country	Land
Hemisphere	Jarðar
Island	Eyja
Latitude	Breidd
Map	Kort
Meridian	Meridian
Mountain	Fjall
North	Norður
Ocean	Haf
Region	Svæði
River	River
Sea	Sjó
South	Suður
Territory	Yfirráðasvæði
West	Vestur
World	Heimur

Geology
Jarðfræði

Acid	Sýra
Calcium	Kalsíum
Cavern	Helli
Continent	Álfunni
Coral	Kórall
Crystals	Kristallar
Cycles	Hringrás
Earthquake	Jarðskjálfti
Erosion	Rof
Geyser	Goshver
Lava	Hraun
Layer	Lag
Minerals	Steinefni
Plateau	Hálendi
Quartz	Kvars
Salt	Salt
Stalactite	Stalactite
Stalagmites	Stalagmites
Stone	Steinn
Volcano	Eldfjall

Geometry
Rúmfræði

Angle	Horn
Calculation	Útreikning
Circle	Hring
Curve	Ferill
Diameter	Þvermál
Dimension	Vídd
Equation	Jafna
Height	Hæð
Horizontal	Lárétt
Logic	Rökfræði
Mass	Messi
Median	Miðgildi
Number	Númer
Parallel	Samhliða
Proportion	Hlutfall
Segment	Hluti
Surface	Yfirborð
Symmetry	Samhverfu
Theory	Kenning
Triangle	Þríhyrningur

Global Warming
Hnattræn Hlýnun

Arctic	Arktískur
Attention	Athygli
Climate	Veðurfar
Crisis	Kreppa
Data	Gögn
Development	Þróun
Energy	Orka
Environmental	Umhverfis
Future	Framtíð
Gas	Gas
Generations	Kynslóðir
Government	Ríkisstjórn
Habitats	Búsvæði
Industry	Iðnaður
International	Alþjóðleg
Legislation	Löggjöf
Now	Núna
Populations	Íbúa
Scientist	Vísindamaður
Temperatures	Hitastig

Government
Ríkisstjórn

Civil	Borgaraleg
Constitution	Stjórnarskrá
Democracy	Lýðræði
Discussion	Umræða
District	Umdæmi
Equality	Jafnrétti
Independence	Sjálfstæði
Judicial	Dóms
Justice	Réttlæti
Law	Lög
Leader	Leiðtogi
Legal	Löglegur
Liberty	Frelsi
Monument	Minnismerki
Nation	Þjóð
Peaceful	Friðsælt
Politics	Stjórnmál
Speech	Ræðu
State	Ríki
Symbol	Tákn

Hair Types
Hárið Tegundir

Bald	Sköllóttur
Black	Svart
Blond	Ljóshærður
Braided	Fléttum
Braids	Fléttur
Brown	Brúnt
Colored	Litað
Curls	Krulla
Curly	Hrokkið
Dry	Þurr
Gray	Grár
Healthy	Heilbrigður
Long	Langt
Shiny	Glansandi
Short	Stutt
Silver	Silfur
Soft	Mjúkur
Thick	Þykkur
Thin	Þunnur
White	Hvítur

Health and Wellness #1
Heilsufar og Vellíðan #1

Active	Virkur
Bacteria	Bakteríur
Bones	Bein
Doctor	Læknir
Fracture	Beinbrot
Habit	Venja
Height	Hæð
Hormones	Hormón
Hunger	Hungur
Injury	Meiðslum
Medicine	Lyf
Muscles	Vöðva
Nerves	Taugar
Pharmacy	Apótek
Reflex	Viðbragð
Relaxation	Slökun
Skin	Húð
Supplements	Fæðubótarefni
Treatment	Meðferð
Virus	Veira

Health and Wellness #2
Heilsufar og Vellíðan #2

Allergy	Ofnæmi
Anatomy	Líffærafræði
Appetite	Matarlyst
Blood	Blóð
Calorie	Kaloría
Dehydration	Ofþornun
Diet	Mataræði
Disease	Sjúkdómur
Energy	Orka
Genetics	Erfðafræði
Healthy	Heilbrigður
Hospital	Sjúkrahús
Hygiene	Hreinlæti
Infection	Smitun
Massage	Nudd
Nutrition	Næring
Recovery	Bata
Stress	Streitu
Vitamin	Vítamín
Weight	Þyngd

Herbalism
Grasalækningar

Aromatic	Ilmandi
Basil	Basil
Beneficial	Gagnleg
Culinary	Matreiðslu
Fennel	Fennel
Flavor	Bragð
Flower	Blóm
Garden	Garður
Garlic	Hvítlaukur
Green	Grænt
Ingredient	Efni
Lavender	Lofnarblóm
Marjoram	Marjoram
Mint	Myntu
Oregano	Oregano
Parsley	Steinselja
Plant	Planta
Rosemary	Rósmarín
Saffron	Saffran
Tarragon	Estragon

Hiking
Gönguferðir

Animals	Dýr
Boots	Stígvél
Camping	Útjæða
Cliff	Bjarg
Climate	Veðurfar
Guides	Leiðsögumenn
Heavy	Þungt
Map	Kort
Mosquitoes	Moskítóflugur
Mountain	Fjall
Nature	Náttúran
Orientation	Stefnumörkun
Parks	Garður
Preparation	Undirbúningur
Stones	Steinar
Summit	Fundinum
Sun	Sól
Tired	Þreyttur
Water	Vatn
Wild	Villt

House
Húsið

Attic	Háaloftinu
Broom	Kústur
Curtains	Gluggatjöld
Door	Hurð
Fence	Girðing
Fireplace	Arinn
Floor	Hæð
Furniture	Húsgögn
Garage	Bílskúr
Garden	Garður
Keys	Lykla
Kitchen	Eldhús
Lamp	Lampi
Library	Bókasafn
Mirror	Spegill
Roof	Þak
Room	Herbergi
Shower	Sturtu
Wall	Vegg
Window	Gluggi

Human Body
Mannslíkaminn

Ankle	Ökkla
Blood	Blóð
Bones	Bein
Brain	Heili
Chin	Höku
Ear	Eyra
Elbow	Olnboga
Face	Andlit
Finger	Fingur
Hand	Hönd
Head	Höfuð
Heart	Hjarta
Jaw	Kjálka
Knee	Hné
Leg	Fótur
Mouth	Munnur
Neck	Háls
Nose	Nef
Shoulder	Öxl
Skin	Húð

Insects
Skordýr

Ant	Maur
Aphid	Plöntulús
Bee	Bí
Beetle	Bjalla
Butterfly	Fiðrildi
Cicada	Cicada
Cockroach	Kakkalakki
Dragonfly	Dragonfly
Flea	Fló
Grasshopper	Graskúla
Hornet	Hornet
Ladybug	Frípur
Larva	Lirva
Locust	Engisprettur
Mantis	Mantis
Mosquito	Fluga
Moth	Möl
Termite	Termite
Wasp	Geitungur
Worm	Ormur

Jazz
Djass

Album	Plötu
Applause	Lófaklapp
Artist	Listamaður
Composer	Tónskáld
Composition	Samsetning
Concert	Tónleikar
Drums	Trommur
Emphasis	Áhersla
Famous	Frægur
Favorites	Eftirlæti
Improvisation	Spuni
Music	Tónlist
New	Nýtt
Old	Gamall
Orchestra	Hljómsveit
Rhythm	Taktur
Song	Lag
Style	Stíl
Talent	Hæfileiki
Technique	Tækni

Kitchen
Eldhús

Apron	Svuntu
Bowl	Skál
Chopsticks	Pinnar
Cups	Bolla
Food	Matur
Forks	Forks
Freezer	Frysti
Grill	Grill
Jar	Krukku
Jug	Könnu
Kettle	Ketill
Knives	Hnífa
Napkin	Servíetta
Oven	Ofn
Recipe	Uppskrift
Refrigerator	Ísskápur
Spices	Krydd
Sponge	Svampur
Spoons	Skeiðar
To Eat	Að Borða

Landscapes
Landslag

Beach	Fjara
Cave	Helli
Desert	Eyðimörk
Geyser	Goshver
Glacier	Jökull
Hill	Hæð
Iceberg	Ísberg
Island	Eyja
Lake	Stöðuvatn
Mountain	Fjall
Oasis	Vin
Ocean	Haf
Peninsula	Skagi
River	River
Sea	Sjó
Swamp	Mýri
Tundra	Tundra
Valley	Dalur
Volcano	Eldfjall
Waterfall	Foss

Literature
Bókmenntir

Analogy	Líkingar
Analysis	Greining
Anecdote	E.
Author	Höfundur
Biography	Ævisaga
Comparison	Samanburður
Conclusion	Niðurstaða
Description	Lýsing
Dialogue	Umræðu
Fiction	Skáldskapur
Metaphor	Myndlíking
Narrator	Sögumaður
Novel	Skáldsaga
Poem	Ljóð
Poetic	Ljóðræn
Rhyme	Rím
Rhythm	Taktur
Style	Stíl
Theme	Þema
Tragedy	Harmleikur

Mammals
Spendýr

Bear	Björn
Beaver	Beaver
Bull	Naut
Cat	Köttur
Coyote	Sléttuúlfur
Dog	Hundur
Dolphin	Höfrungur
Elephant	Fíl
Fox	Refur
Giraffe	Gíraffi
Gorilla	Górilla
Horse	Hestur
Kangaroo	Kengúra
Lion	Ljón
Monkey	Api
Rabbit	Kanína
Sheep	Kind
Whale	Hvalur
Wolf	Úlfur
Zebra	Zebra

Math
Stærðfræði

Angles	Horn
Arithmetic	Tölur
Circumference	Ummál
Decimal	Aukastaf
Diameter	Þvermál
Division	Deild
Equation	Jafna
Exponent	Veldisvísir
Fraction	Brot
Geometry	Rúmfræði
Parallel	Samhliða
Parallelogram	Hjálíðalogram
Perimeter	Jaðar
Polygon	Marghyrning
Radius	Radíus
Rectangle	Rétthyrningur
Square	Ferningur
Symmetry	Samhverfu
Triangle	Þríhyrningur
Volume	Bindi

Measurements
Mælingar

Byte	Bæti
Centimeter	Sentimetr
Decimal	Aukastaf
Degree	Gráða
Depth	Dýpt
Gram	Gramm
Height	Hæð
Inch	Tommu
Kilogram	Kíló
Kilometer	Kílómetra
Length	Lengd
Liter	Lítri
Mass	Messi
Meter	Mælir
Minute	Mínúta
Ounce	Únsa
Ton	Tonn
Volume	Bindi
Weight	Þyngd
Width	Breidd

Meditation
Hugleiðsla

Acceptance	Samþykki
Awake	Vakandi
Breathing	Öndun
Calm	Logn
Clarity	Skýrleiki
Compassion	Samúð
Emotions	Tilfinningar
Gratitude	Þakklæti
Habits	Venja
Kindness	Góðvild
Mental	Andlegt
Mind	Huga
Movement	Samtök
Music	Tónlist
Nature	Náttúran
Peace	Friður
Perspective	Sjónarhorni
Silence	Þögn
Thoughts	Hugsanir
To Learn	Að Læra

Musical Instruments
Hljóðfæri

Banjo	Banjó
Bassoon	Fagott
Cello	Selló
Clarinet	Klarinett
Drum	Tromma
Flute	Flautu
Gong	Gong
Guitar	Gítar
Harmonica	Munnhörpu
Harp	Harpa
Mandolin	Mandólín
Marimba	Marimba
Oboe	Óbó
Percussion	Slagverk
Piano	Píanó
Saxophone	Saxófón
Tambourine	Bumbur
Trombone	Básúna
Trumpet	Trompet
Violin	Fiðlu

Mythology
Goðafræði

Archetype	Arketype
Behavior	Hegðun
Beliefs	Viðhorf
Creation	Sköpun
Creature	Skepna
Culture	Menning
Disaster	Hörmung
Heaven	Himnaríki
Hero	Hetja
Immortality	Ódauðleika
Jealousy	Öfund
Labyrinth	Völundarhús
Legend	Þjóðsaga
Lightning	Elding
Monster	Skrímsli
Mortal	Dauðleg
Revenge	Hefnd
Strength	Styrkur
Thunder	Þrumur
Warrior	Stríðsmaður

Nature
Náttúran

Animals	Dýr
Arctic	Arktískur
Beauty	Fegurð
Bees	Býflugur
Cliffs	Klettar
Clouds	Ský
Desert	Eyðimörk
Dynamic	Kvik
Erosion	Rof
Fog	Þoka
Foliage	Sm
Forest	Skógur
Glacier	Jökull
Peaceful	Friðsælt
River	River
Sanctuary	Helgidómur
Serene	Serene
Tropical	Tropical
Vital	Líflegt
Wild	Villt

Numbers
Tölur

Decimal	Aukastaf
Eight	Átta
Eighteen	Átján
Fifteen	Fimmtán
Five	Fimm
Four	Fjórir
Fourteen	Fjórtán
Nine	Níu
Nineteen	Nítján
One	Einn
Seven	Sjö
Seventeen	Sautján
Six	Sex
Sixteen	Sextán
Ten	Tíu
Thirteen	Þrettán
Three	Þrír
Twelve	Tólf
Twenty	Tuttugu
Two	Tveir

Nutrition
Næringu

Appetite	Matarlyst
Balanced	Rólegur
Bitter	Bitur
Calories	Hitaeiningar
Carbohydrates	Kolvetni
Diet	Mataræði
Digestion	Melting
Edible	Ætur
Fermentation	Gerjun
Flavor	Bragð
Habits	Venja
Health	Heilsa
Healthy	Heilbrigður
Nutrient	Næringarefni
Proteins	Prótein
Quality	Gæði
Sauce	Sósa
Toxin	Eiturefni
Vitamin	Vítamín
Weight	Þyngd

Ocean
Haf

Algae	Þörunga
Coral	Kórall
Crab	Krabbi
Dolphin	Höfrungur
Eel	Áll
Fish	Fiskur
Jellyfish	Marglytta
Octopus	Kolkrabbi
Oyster	Ostra
Reef	Rif
Salt	Salt
Seaweed	Þang
Shark	Hákarl
Shrimp	Rækja
Sponge	Svampur
Storm	Stormur
Tides	Sjávarföll
Tuna	Túnfiskur
Turtle	Skjaldbaka
Whale	Hvalur

Philanthropy
Góðgerðarstarfsemi

Challenges	Áskoranir
Children	Börn
Community	Samfélag
Contacts	Tengiliði
Donate	Gefa
Finance	Fjármál
Funds	Fé
Generosity	Örlæti
Global	Alþjóðlegt
Goals	Markmið
Groups	Hópa
History	Saga
Honesty	Heiðarleiki
Humanity	Mannkynið
Mission	Verkefni
Need	Þörf
People	Fólk
Programs	Forrit
Public	Opinber
Youth	Æsku

Photography
Ljósmyndun

Black	Svart
Camera	Myndavél
Color	Litur
Composition	Samsetning
Contrast	Andstæða
Darkness	Myrkur
Definition	Skilgreining
Exhibition	Sýning
Format	Snið
Frame	Rammi
Lighting	Lýsing
Object	Mótmæla
Perspective	Sjónarhorni
Portrait	Andlitsmynd
Shadows	Skuggar
Soften	Mýkja
Subject	Efni
Texture	Áferð
View	Útsýni
Visual	Sjónræn

Physics
Eðlisfræði

Acceleration	Hröðun
Atom	Atóm
Chaos	Roða
Chemical	Efni
Density	Þéttleiki
Electron	Rafeind
Engine	Vél
Formula	Formúla
Frequency	Tíðni
Gas	Gas
Magnetism	Segulmagn
Mass	Messi
Mechanics	Vélfræði
Molecule	Sameind
Nuclear	Kjarnorku
Particle	Ögn
Relativity	Afstæði
Speed	Hraði
Universal	Alhliða
Velocity	Hraða

Plants
Plöntur

Bamboo	Bambus
Bean	Baun
Berry	Ber
Botany	Grasafræði
Bush	Bush
Cactus	Kaktus
Fertilizer	Áburður
Flora	Flora
Flower	Blóm
Foliage	Sm
Forest	Skógur
Garden	Garður
Grass	Gras
Ivy	Ivy
Moss	Moss
Petal	Krónublað
Root	Rót
Stem	Stilkur
Tree	Tré
Vegetation	Gróður

Professions #1
Störfum #1

Ambassador	Sendiherra
Artist	Listamaður
Athlete	Íþróttamaður
Attorney	Lögmaður
Banker	Bankastjóri
Coach	Þjálfari
Dancer	Dansari
Doctor	Læknir
Editor	Ritstjóri
Geologist	Jarðfræðingur
Hunter	Veiðimaður
Jeweler	Skartgripir
Lawyer	Lögfræðingur
Mechanic	Vélvirki
Pianist	Píanóleikari
Psychologist	Sálfræðingur
Sailor	Sjómaður
Scientist	Vísindamaður
Tailor	Klæðskeri
Veterinarian	Dýralæknir

Professions #2
Störfum #2

Astronaut	Geimfari
Biologist	Líffræðingur
Chemist	Efnafræðingur
Dentist	Tannlækni
Detective	Einkaspæjara
Engineer	Verkfræðingur
Farmer	Bóndi
Illustrator	Teiknari
Investigator	Rannsakanda
Journalist	Blaðamaður
Painter	Málari
Philosopher	Heimspekingur
Photographer	Ljósmyndari
Physician	Lækni
Pilot	Flugmaður
Professor	Prófessor
Researcher	Rannsóknir
Surgeon	Skurðlæknir
Teacher	Kennari
Zoologist	Dýrafræðingur

Psychology
Sálfræði

Assessment	Mat
Behavior	Hegðun
Childhood	Barnæska
Clinical	Klínísk
Cognition	Vitsmuni
Conflict	Átök
Dreams	Draumar
Ego	Egó
Emotions	Tilfinningar
Experiences	Reynslu
Ideas	Hugmyndir
Influences	Áhrif
Memories	Minningar
Perception	Skynjun
Personality	Persónuleiki
Problem	Vandamál
Reality	Veruleiki
Sensation	Æsifregn
Therapy	Meðferð
Thoughts	Hugsanir

Rainforest
Regnskógur

Amphibians	Froskdýr
Birds	Fuglar
Botanical	Botanical
Climate	Veðurfar
Clouds	Ský
Community	Samfélag
Diversity	Fjölbreytni
Indigenous	Frumbyggja
Insects	Skordýr
Jungle	Frumskógur
Mammals	Spendýr
Moss	Moss
Nature	Náttúran
Preservation	Varðveislu
Refuge	Athvarf
Respect	Virðing
Restoration	Endurreisn
Species	Tegund
Survival	Lifun
Valuable	Dýrmætur

Restaurant #2
Veitingastaður #2

Beverage	Drykkur
Cake	Kaka
Chair	Stól
Delicious	Ljúffengur
Dinner	Kvöldmatur
Eggs	Egg
Fish	Fiskur
Fork	Gaffal
Fruit	Ávöxtur
Ice	Ís
Lunch	Hádegisverður
Noodles	Núðlur
Salad	Salat
Salt	Salt
Soup	Súpa
Spices	Krydd
Spoon	Skeið
Vegetables	Grænmeti
Waiter	Þjónn
Water	Vatn

Science Fiction
Vísindaskáldskapur

Atomic	Lotukerfinu
Books	Bækur
Chemicals	Efni
Cinema	Kvikmyndahús
Clones	Klón
Dystopia	Dystópía
Explosion	Sprenging
Extreme	Extreme
Fantastic	Frábær
Fire	Eldur
Galaxy	Galaxy
Illusion	Blekking
Imaginary	Ímyndað
Mysterious	Dularfullur
Oracle	Véfrétt
Planet	Reikistjarna
Robots	Vélmenni
Technology	Tækni
Utopia	Útópía
World	Heimur

Scientific Disciplines
Vísindalegum Greinum

Anatomy	Líffærafræði
Astronomy	Stjörnufræði
Biochemistry	Lífefnafræði
Biology	Líffræði
Botany	Grasafræði
Chemistry	Efnafræði
Ecology	Vistfræði
Geology	Jarðfræði
Immunology	Ónæmisfræði
Kinesiology	Hreyfifræði
Linguistics	Málvísindi
Mechanics	Vélfræði
Meteorology	Veðurfræði
Mineralogy	Steindafræði
Neurology	Taugafræði
Physiology	Lífeðlisfræði
Psychology	Sálfræði
Sociology	Félagsfræði
Thermodynamics	Varmafræði
Zoology	Dýrafræði

Shapes
Form

Arc	Arc
Circle	Hring
Cone	Keila
Corner	Horn
Cube	Teningur
Curve	Ferill
Cylinder	Strokka
Edges	Brúnir
Ellipse	Sporbaug
Hyperbola	Hyperbola
Line	Lína
Oval	Sporöskjulaga
Polygon	Marghyrning
Prism	Prism
Pyramid	Pýramída
Rectangle	Rétthyrningur
Side	Hlið
Sphere	Kúla
Square	Ferningur
Triangle	Þríhyrningur

Spices
Krydd

Anise	Anís
Bitter	Bitur
Cardamom	Kardemommu
Cinnamon	Kanil
Clove	Negull
Coriander	Kóríander
Cumin	Kúmen
Curry	Karrý
Fennel	Fennel
Flavor	Bragð
Garlic	Hvítlaukur
Ginger	Engifer
Licorice	Lakkrís
Nutmeg	Múskat
Onion	Laukur
Paprika	Paprika
Saffron	Saffran
Salt	Salt
Sweet	Sætur
Vanilla	Vanillu

Sport
Íþrótt

Ability	Getu
Athlete	Íþróttamaður
Body	Líkami
Bones	Bein
Cardiovascular	Hjarta
Coach	Þjálfari
Cycling	Hjóla
Dancing	Dansa
Diet	Mataræði
Endurance	Þrek
Health	Heilsa
Jogging	Skokk
Maximize	Hámarka
Metabolic	Efnaskipti
Muscles	Vöðva
Nutrition	Næring
Program	Forrit
Sports	Íþróttir
Strength	Styrkur
To Swim	Að Synda

The Company
Fyrirtækið

Business	Viðskipti
Creative	Skapandi
Decision	Ákvörðun
Employment	Atvinna
Global	Alþjóðlegt
Industry	Iðnaður
Innovative	Nýjar
Investment	Fjárfesting
Possibility	Möguleika
Presentation	Kynning
Product	Vöru
Professional	Faglegur
Progress	Framfarir
Quality	Gæði
Reputation	Orðspor
Resources	Auðlindir
Revenue	Tekjur
Risks	Áhætta
Trends	Þróun
Units	Einingar

The Media
Fjölmiðlarnir

Advertisements	Auglýsingar
Attitudes	Viðhorf
Commercial	Auglýsing
Communication	Samskipti
Digital	Stafræn
Edition	Útgáfa
Education	Menntun
Facts	Staðreyndir
Funding	Fjármögnun
Individual	Einstaklingur
Industry	Iðnaður
Intellectual	Vitsmunalegum
Local	Staðbær
Magazines	Tímarit
Network	Net
Newspapers	Dagblöð
Online	Á Netinu
Opinion	Álit
Public	Opinber
Radio	Útvarp

Time
Tíminn

Annual	Árlega
Before	Áður
Calendar	Dagatal
Century	Öld
Clock	Klukka
Day	Dagur
Decade	Áratugur
Early	Snemma
Future	Framtíð
Hour	Klukkustund
Minute	Mínúta
Month	Mánuður
Morning	Morgunn
Night	Nótt
Noon	Hádegi
Now	Núna
Soon	Bráðum
Today	Í Dag
Week	Vika
Year	Ár

Town
Bærinn

Airport	Flugvöllur
Bakery	Bakarí
Bank	Banki
Bookstore	Bókabúð
Cafe	Kaffihús
Cinema	Kvikmyndahús
Florist	Blómabúð
Gallery	Gallerí
Hotel	Hótel
Library	Bókasafn
Market	Markaður
Museum	Safn
Pharmacy	Apótek
School	Skóli
Stadium	Völlinn
Store	Verslun
Supermarket	Matvörubúð
Theater	Leikhús
University	Háskóli
Zoo	Dýragarður

Universe
Alheimurinn

Asteroid	Smástirni
Astronomy	Stjörnufræði
Atmosphere	Stjórnmál
Celestial	Himneti
Cosmic	Cosmic
Darkness	Myrkur
Eon	Eon
Equator	Miðbaugur
Galaxy	Galaxy
Hemisphere	Jarðar
Latitude	Breidd
Longitude	Lengdargráðu
Moon	Tungl
Orbit	Sporbraut
Sky	Himinn
Solar	Sól
Solstice	Sólstöður
Telescope	Sjónauki
Visible	Sýnlegt
Zodiac	Dýrir

Vacation #2
Frí #2

Airport	Flugvöllur
Beach	Fjara
Camping	Útjæða
Destination	Áfangastaður
Foreign	Erlendum
Foreigner	Útlendingur
Holiday	Frí
Hotel	Hótel
Island	Eyja
Journey	Ferð
Leisure	Tímist
Map	Kort
Mountains	Fjöll
Passport	Vegabréf
Photos	Myndir
Sea	Sjó
Taxi	Taxi
Tent	Tjald
Train	Lest
Transportation	Samgöngur

Vegetables
Grænmeti

Artichoke	Artihoke
Broccoli	Spergilkál
Carrot	Gulrót
Cauliflower	Blómkál
Celery	Sellerí
Cucumber	Gúrku
Eggplant	Eggaldin
Garlic	Hvítlaukur
Ginger	Engifer
Mushroom	Sveppir
Onion	Laukur
Parsley	Steinselja
Pea	Pea
Pumpkin	Grasker
Radish	Ræðja
Salad	Salat
Shallot	Skalottlaukur
Spinach	Spínat
Tomato	Tómat
Turnip	Næpa

Congratulations

You made it!

We hope you enjoyed this book as much as we enjoyed making it. We do our best to make high quality games.
These puzzles are designed in a clever way for you to learn actively while having fun!

Did you love them?

A Simple Request

Our books exist thanks your reviews. Could you help us by leaving one now?

Here is a short link which will take you to your order review page:

BestBooksActivity.com/Review50

MONSTER CHALLENGE!

Challenge #1

Ready for Your Bonus Game? We use them all the time but they are not so easy to find. Here are **Synonyms**!

Note 5 words you discovered in each of the Puzzles noted below (#21, #36, #76) and try to find 2 synonyms for each word.

Note 5 Words from ***Puzzle 21***

Words	Synonym 1	Synonym 2

Note 5 Words from ***Puzzle 36***

Words	Synonym 1	Synonym 2

Note 5 Words from ***Puzzle 76***

Words	Synonym 1	Synonym 2

Challenge #2

Now that you are warmed-up, note 5 words you discovered in each Puzzle noted below (#9, #17, #25) and try to find 2 antonyms for each word.
How many lines can you do in 20 minutes?

Note 5 Words from ***Puzzle 9***

Words	Antonym 1	Antonym 2

Note 5 Words from ***Puzzle 17***

Words	Antonym 1	Antonym 2

Note 5 Words from ***Puzzle 25***

Words	Antonym 1	Antonym 2

Challenge #3

Wonderful, this monster  challenge is nothing to you!

Ready for the last one? Choose your 10 favorite words discovered in any of the Puzzles and note them below.

1.	6.
2.	7.
3.	8.
4.	9.
5.	10.

Now, using these words and within a maximum of six sentences, your challenge is to compose a text about a person, animal or place that you love!

Tip: You can use the last blank page of this book as a draft!

Your Writing:

NOTEBOOK:

SEE YOU SOON!

Linguas Classics Team

www.ingramcontent.com/pod-product-compliance
Lightning Source LLC
LaVergne TN
LVHW060040210926
848481LV00013B/3913
9798349033001